자신감

-인생을 성공으로 이끄는 열쇠-

자신감
-인생을 성공으로 이끄는 열쇠

펴낸날   초판 1쇄 2023년 10월 20일

지은이   정동화
펴낸이   서용순
펴낸곳   이지출판

출판등록   1997년 9월 10일
등록번호   제300-2005-156호
주소   03131 서울시 종로구 율곡로6길 36 월드오피스텔 903호
대표전화   02-743-7661   **팩스** 02-743-7621
이메일   easy7661@naver.com
디자인   김민정
인쇄   ICAN
물류   (주)비앤북스

값 15,000원

ISBN 979-11-5555-205-6   03190

※ 잘못 만들어진 책은 교환해 드립니다.

자신감

−인생을 성공으로 이끄는 열쇠−

정동화 지음

이지출판

운동을 통해 얻은 '자신감'

'자신감'은 인생을 살면서 생로병사(生老病死) 등 인생 여정을 가로막는 수많은 장애를 극복하고 보다 나은 세상을 건설하기 위한 문화창조의 원동력인 내면의 힘이다. 아울러 자신감은 일을 성공할 때까지 동력의 기본이 된다는 점에서 '인생 성공의 열쇠'이기도 하다.

그것은 어떤 일에 도전하여 성공할 수 있고, 그 일을 성공할 때까지 밀고 나갈 수 있는 능력이 있다고 믿기 때문이다.

그러나 지금까지 교육에서 사회, 문학, 수학, 과학… 등의 지식이나 지능을 높이는 교육에만 전념해 왔을 뿐, 인생을 살아가는 데 근본적이고 원동력적인 '자신감'을 높이는 데는 관심을 두지 못했거나 소홀히 해 온 것이 사실이다.

인생길을 가로막는 여러 문제를 제거하고 새로운 문화창조에 도전하여 목표를 달성할 때까지 지속적인 동력인 '자신감'을 높이는 데는 미처 관심을 못 가졌거나 미흡했었다.

이제 우리 교육은 인생길을 가로막는 문제는 물론 보다 나은 사회를 건설하기 위한 지속적인 도전을 위해 무엇보다 그 원동력인 '자신감 높이기'에 초점을 맞추어야 한다.

사람의 모습이 제각각이듯 지능도 다르고 재능 또한 천차만별이다.

우리는 보다 원동력적인 인간의 내면의 힘인 '자신감'을 높이는 데 최선의 노력을 해야 할 것이다.

창조주인 전지전능한 하느님은 사람을 이 사회 발전에 기여할 수 있도록 한 가지 이상의 재능을 부여해서 내보내셨다고 본다.

그러나 우리는 미처 그 원리를 발견하지 못하고 지식이나 기능 위주의 개발에 치중하지 않았던가 성찰해 본다.

그래도 늦었지만 우리는 새로운 일에 대한 도전은 물론 목표를 성취할 때까지의 원동력인 '자신감'의 중요성을 깨닫고, 그것을 높이는 방법에 대한 연구가 미국에서 시작되어

많은 책이 출간되었다.

그 뒤를 이어 우리나라에서도 전문서적이 나오고 있음은 다행한 일이다.

문제는 사람들이 자신의 능력에 대해 지나치게 과소평가하는 경향이 있는데, 그것은 필요한 만큼의 노력을 하지 않는 결과를 초래할 수 있다.

이는 인지적 실패나 성격적 결함이 아니라 하나의 이점으로 작용될 수도 있다고 본다.

긍적적인 사고의 중요성을 설파한 '노먼 빈센트 필'은 『긍정적 사고방식』이라는 책으로 베스트셀러 작가가 된 인물이다. 그의 영향을 많이 받은 트럼프는 '노먼 빈센트 필'의 열정과 긍정적인 가치관에 깊은 감화를 받았다고 한다.

그가 40년 넘게 비즈니스 세계의 승자로 살아남을 수 있었던 이유 중의 하나도 '자신감'에 대한 신념, 즉 '자기 효능감'이 높았기 때문이라고 본다.

유능한 사람은 난관에 직면했을 때 포기하지 않고 성공할 때까지 일을 추진하며 무엇보다 '자신의 능력'을 믿는다.

인생을 사는 데 긍정적인 사고로 '할 수 있다'는 자신감을 바탕으로 한 실행력이 무엇보다 중요하다.

끝까지 포기하지 않고 목표한 바를 추진하려면 비전을 세워야 한다. 그 비전이 미래에 대한 나의 내비게이션이다.

미래에 대한 구상, 새로운 세상과 미래에 대한 열정으로 꿈과 목표를 향해 나아가는 것이 바로 비전이다. 비전은 막연한 소망이나 꿈이 아니다. 실제로 실현 가능한 결과를 이루어 나가는 것이다. 그러니까 진심으로 꼭 성취하고 싶은 것에 초점을 맞추어야 한다.

요즈음 교육계의 기본 과제는 자기주도학습과 자기결정능력 배양이다.

그 동안 우리 교육계는 자기결정능력을 키우는 데 너무 소홀했다.

그 결과 많은 학습자가 '결정장애자'가 되었다는 비판을 받고 있다. 그러므로 자기결정능력을 배양하는 것이 교육계의 중요 과제로 재설정되어야 할 것이다.

그것은 학습자를 자기 삶의 주인공으로 키워야 하기 때문이다.

어떤 과업을 스스로 판단하고 결정해서 도전하며 그 결과를 만들어 내는 데 혹시 실패하더라도 스스로 책임지고 다시 일어나는 '탄력 효능감'을 지닌 능력자로 성장시켜야 할 것이라고 본다.

　우리가 꼭 알아야 할 것은 '자기 효능감'이 높은 사람은 자기 조절 능력도 강하다. 자기 효능감이란 하나의 비교 기준으로 내재된 기술을 실제 수행으로 옮기는 매개이다.

　그것은 인간 행동에 가장 강력하게 영향을 미치는 요인이기도 하다. 즉 특정 과제에서 특정 결과를 산출해 내는 데 요구되는 일련의 조치를 취하고 성공적으로 수행할 수 있다는 '자기 능력에 대한 믿음'이다.

　사회인지론에서는 '자기 효능감'을 '성공적 행동의 결정인자'로 보기까지 한다.

　'자기 효능감'은 개인의 성공 가능성에 대한 신념이기에 행동의 선택과 수행, 그리고 그 지속성에 중요한 영향을 미칠 뿐 아니라 일을 추진하는 원동력이기도 하다.

　일반적으로 '자기 효능감'의 하위 요인(자신감, '자기 조절 효능감', 과제난이도 선호) 중 창의적인 인성을 설명하는 가장 중요한 요인이 바로 '자기 조절 효능감'이다.

　즉 '자기 조절 효능감'이란 개인의 자기 조절, 예를 들어 자아관찰, 자아판단, 자아반응을 잘 사용할 수 있는가에 대한 효능 기대이다.

'자기 효능감'이 강한 사람은 자신의 행동을 관찰하고, 자신의 목표인 기준에 비추어 자신의 수행 능력을 신속하게 판단한다.

그래서 수행 결과가 긍정적이면 새로운 목표를 설정하고, 부정적이면 자신의 목표를 이루기 위해 부가적인 행동을 한다.

그러나 자기 효능감이 낮은 사람은 수행 결과가 안 좋을 때 쉽게 포기하는 면이 크게 대조된다.

'자기 조절 효능감'이 낮으면 실패했을 때 쉽게 좌절하고 다시 도전하는 힘을 발휘하지 못하는 것이 일반적이다.

그러니까 자기 조절 능력이 낮은 사람은 어려운 일에 도전하는 것 자체를 꺼린다.

그 이론은 사람은 누구나 교과나 운동, 예술, 특기 등 다른 뛰어난 분야가 있다는 것이다. 그것이 '자기 효능감'이다.

필자는 그 중에도 1인 1기 운동이 자신감을 높이는 데 무엇보다 중요하다고 본다.

새로운 일에 대한 도전의 성공은 이 '자기 효능감'을 높이는 것이고, 그것이 곧 '성공의 열쇠'인 것이다.

이렇게 중요한 효능감을 높이는 데 세 가지 방법이 있다.

첫째, 목표를 부담 없이 실천할 수 있게 나눈다.

둘째, 좋은 모델을 통한 간접 경험을 한다.

셋째, 내가 잘하는 부분에 대해 지지해 주고 긍정적인 피드백을 해 주는 사람을 주변에 둔다.

첫째로 일단 어떤 일에 도전하겠다는 목표를 세운 뒤에 그것을 실천할 수 있게 잘게 나누는 일이 중요하다.

그러니까 실천하기 쉬운 작은 목표를 세워 성취해 나가는 것이다. 예를 들어 걷기 운동에 성공하려면 10층 오르기보다 1층 오르기 목표가 효율적이다. 또 스쿼트 100번보다 10번 하기, 달리기 1,000m보다 100m 목표를 설정하고 실천하는 것이 더 중요하다는 말이다.

이렇게 작은 성취가 쌓이면 '자기 효능감'이 올라가 더 높은 목표에 도전하게 되고 성공한다는 원리이다.

그러니까 어떤 목표를 세울 때 쉽게 실천할 수 있게 잘게 나눠서 목표를 세우는 것이 목표 달성의 첫걸음이며, 손쉬운 성공은 실천하기 쉬운 작은 목표의 성공을 쌓아야 한다는 것이다.

또 하나는 그 원리로 모든 교과를 고르게 다 잘하려는 것보다 국어, 영어, 수학, 과학, 체육, 미술, 연예, 예술 중 가장 자신 있는 교과 하나를 집중적으로 지도하는 방법이다. 그것에 발전이 있으면 그것을 동력으로 삼아 확대해 나가는 것이다.

필자는 교직 생활 중 국어 교과를 통해 얻은 자신감을 사회나 과학 과목으로 확대시켜 나갔고, 국어교육 집단학습을 통한 자신감, 또한 웅변이라는 특기활동을 통한 자신감 지도로 인생을 성공으로 이끈 경험이 있다.

그런 경험 중에서 무엇보다 효율적이고 원동력적인 것은 운동이었는데, 자신감 높이기에 어느 분야보다 효과적이었다고 본다.

자신감 높이기는 1인 1기 운동으로 시작하는 것이 좋다. 다시 말하면 사람은 한 가지 이상 특기를 가지고 있는데, 그 중 운동이 가장 원동력적이고 근본적임을 강조하고 싶다. 그 이유는 운동은 체력 단련인데, 체력은 정신을 담은 그릇이므로 모든 자신감의 기틀이 된다.

필자도 물구나무서기 운동에서 체득한 자신감이 일생 동안 모든 도전의 원천이 되었음을 밝혀 둔다.

둘째로 좋은 모델을 통해서 간접경험을 한다는 것은 나와 학력, 성별, 배경 등이 비슷한 사람이 일을 능숙하게 처리하는 것을 보면 나도 할 수 있을 것 같은 생각이 든다는 것이다. 코로나 시대에는 온라인을 통해서 모델을 찾을 수 있다.

셋째는 내가 잘하는 부분에 대해 지지해 주고 긍정적인 피드백을 주는 사람을 주변에 두는 것이 중요하다는 것이다.

제2의 성공 요인은 '자존감 높이기'이다.

그러니까 또 하나의 성공 요인은 자기 효능감을 통해서 자존감을 높이는 일이다.

나는 국어를 잘하니까 글짓기도 잘할 수 있고, 달리기를 잘하니까 축구도 잘할 수 있으며, 물구나무서기를 잘하니까 뜀틀도 잘할 수 있고, 농구를 잘하니까 배구도 잘할 수 있다는 '자존감'을 높이는 일이다.

이렇듯 자기 효능감을 통해서 무엇보다 자존감을 높이는 일이 성공의 지름길이라고 본다.

그러나 이때 경계해야 할 것은 근거 없는 자신감을 갖는 것이다.

작은 성공의 누적도 없이 자신을 믿는 것은 착각이고 금물이며, 실패의 함정이라고 본다.

이러한 자신감을 높이는 방법 가운데 하나가 개별적인 학습(독자적 학습, 특기신장학습) 지도, 또 하나가 집단적인 학습(집단학습 중 개별특수학습) 지도이다. 그런데 집단적인 학습도 독자적인 지도 원리를 기본으로 한다는 점에서 원리는 같다고 본다. 그 기본 원리가 앞에서 밝힌 바 있는 '자기 효능감 높이기'와 '자존감 높이기'이다.

한마디로 말하면 '자기 효능감'에 의한 작은 성공을 반복하고 확장하여 '자존감'을 높이는 것이 자신감 높이기의 대원리라고 본다.

그런데 자신감을 높이는 데 가장 효과적인 방법은 '1인 1기 운동'이라고 생각한다.

사람은 누구나 한 가지 재능을 가지고 태어난다. 학생은 인문계나 자연계, 예술이나 운동, 그 중에도 어느 학과의 공부, 미술이나 음악, 운동이나 개그 등에 재능이 있다고 본다.

필자는 운동이 자신감을 높이는 데 기본이고 원동력이라는 것을 강조하고 싶다. 그것은 모든 재능의 모태가 된다는 점에서다.

우리가 잘 아는 바와 같이 미국의 아이비리그를 비롯한 선진국의 대학에서는 운동이 자신감 높이기의 기본이고 원동력이라는 점에서 일정 수준의 운동을 이수하도록 제도화해 놓고 그 바탕 위에 교양과목을 이수하게 하며, 소질과 철학에 맞는 전공을 이수하게 하는 교육제도를 운영하고 있다.

필자는 교과에서보다 운동을 통해 얻는 '자신감 높이기' 방법이 근원적이고 역동적임을 한평생의 교직 생활을 통해 체득했으며, 그것은 무엇보다 귀중하고 값진 결실이었다. 그 중요한 이유는 신체는 인간의 능력과 소질의 그릇이며 기본 틀이다.

운동은 그 틀을 균형 있고 유연하며 강건하게 키우고 단련시키는 전문적인 일이다.

그러므로 '자신감 높이기'는 1인 1기 운동으로 시작하여 다른 영역으로 확대해 나가는 것이 정도(正道)라고 본다.

필자도 자신감을 획득하게 된 시발은 운동이었다.

그 자신감이 점진적으로 공고해짐은 인생 역정의 도전을 통해 얻어진 결실이라고 본다. 아울러 이러한 원리의 결정체는 36년의 교육 경험에서 얻은 값진 결실이다.

필자는 학교에서 모든 학습자에게 일률적으로 가르치는 지식이나 원리보다 잠재적인 인생의 원동력인 '자신감 높이기'가 무엇보다 우선되어야 한다고 본다.

그것은 모든 교과의 학력을 고르게 키우는 것보다 그 중에서 자신 있는 과목 하나만을 집중 지도하는 방법이다.

인생의 원동력인 '자신감 높이기'는 1인 1기 운동에서 시작하여 그것을 동력으로 삼아 확대 발전시키는 방법이다. 필자는 국어 과목을 통해서 얻은 자신감을 사회, 과학 과목으로 확대하여 대입 예비고사를 통과시켰고, 특별활동을 통해서 타 교과로 발전시켜 나가 인생을 성공한 예를 경험했음을 밝혀 둔다.

| 차례 |

제4장 자신감을 높이는 국어 교수학습 특별지도

제5장 나의 '자신감 높이기' 체험 사례

제1장

자신감의 개념 및 중요성

1. 자신감이란?

자신이 어떤 일을 성공적으로 수행할 수 있는 능력이 있다고 믿는 마음이다. 그러니까 어떤 일에 대하여 자신의 능력이나 가치를 확신하는 마음이다(캐나다 심리학자, 앨버트 반두라, 1977). 더 자세히 말하면, 운동을 비롯해서 공부, 노래, 그림, 웃기기… 등에 대한 재주 중 특별히 자신의 능력이나 그 가치를 확신하는 마음이다.

즉 운동 중에서 달리기를 비롯한 축구, 야구, 골프, 힘겨루기 등, 학술 분야에서는 수학, 과학, 어학, 문학 등, 예술 분야에서는 글짓기, 음악, 미술, 연기 등에 대한 자신의 능력과 그 가치를 확신하는 마음이다. 그것은 인간의 내면에 자리잡고 있는 근원적인 동력인 심리적 자산이다.

2. 자신감의 중요성

인생은 끝없는 도전의 과정이다. 그것은 생로병사를 비롯한 예상치 못한 장애를 극복해야 함은 물론, 무엇보다 여러 단계의 진학을 비롯해 직업이나 배우자의 선택뿐만 아니라 각종 사업 등 새로운 문화창조에 도전해야 하는 역정이다.

그런 일에 도전할 때 시동을 걸 뿐 아니라 지속적으로 추진하는 원동력이 '자신감'이다. 그것은 인간이 한평생을 살면서 끝없이 이어나가야 하기 때문에 자신감을 높이는 것은 무엇보다 중요하다.

이러한 자신감이 결여되어 있다면 생명만 유지하는 동물적인 인생으로 날로 치열해지는 경쟁 사회에서 낙오자가 될 뿐이다.

그러니까 자신감은 인생을 사는 데 여러 장애를 극복할 뿐 아니라 창조적 도전을 하는 시발의 원동력이라는 점에서 수송 원료인 휘발유나 전기 또는 수소 등에 비유되는 더없이 중요한 인생의 원동력이다.

다시 말해 이는 보다 나은 의미 있는 문화를 창조하는 일은 물론 아울러 가로놓인 인생의 장애가 되는 일을 제거하는 일 등에 도전할 수 있는 원동력이 된다는 점에서 그 의미가 지대하다.

그것은 자신은 물론 사회 발전에 시발이 되는 동력이 될 뿐 아니라 성공을 할 때까지의 원동력이 되기 때문이다.

이렇게 중요한 '자신감 높이기'는 무엇보다 교육 현장에서 중요하게 관심을 둬야 할 분야이다. 그런데 유감스럽게도 아직 이 분야에 대한 전문적인 연구가 없었는데, 요즈음 심리학계에서 논의되고 있는 것은 다행이라고 본다.

'자신감'은 새로운 일에 도전하는 원동력인 '내면의 힘'이면서 일을 성공하기까지 동력이 된다는 점에서 '성공의 열쇠'라고 할 정도로 매우 중요하다. 그것은 자신이 어떤 일에 도전하여 성공적으로 수행할 수 있고, 그 일을 끝까지 밀고 나갈 수 있는 능력이 있다고 믿는 마음이기 때문이다.

그러므로 '자신감'은 한 인간의 성숙을 비롯해서 사회 발전을 위한 창조활동의 도전뿐 아니라 성공을 거둘 때까지의 원동력이 된다는 점에서 더없이 중요하다.

자신감─인생을 성공으로 이끄는 열쇠

제2장

자신감을 높이는
교수학습지도

1. 자신감을 높이는 학습방법

필자는 오랜 교직 생활 동안 인생 역정의 기본 동력인 '자신감' 높이기가 무엇보다 중요하다는 것을 절감하고, 이에 역점을 두고 학생들을 지도해 소기의 목적을 달성했다고 크게 자부한다.

나는 그 과정에서 얻은 의미 있는 결과와 그 경험을 토대로 얻은 지도원리와 그 방법에 대해 논의하고자 한다.

필자는 중학교 3학년 체육시간에 배운 '물구나무서기' 운동을 통해 큰 성취감을 얻었었다.

그것은 인생을 사는 동안 가로놓인 역경을 제거하고 새로운 일에 도전하는 원동력인 '자신감' 획득의 시발점이 되었다.

아울러 거기서 획득한 자신감은 내 인생 역정에서 장애물을 제거하고 새로운 문화창조에 도전하는 원동력인 내면의 힘이 되었다.

그 경험에서 터득한 원리를 자신감 높이기 이론의 토대로 삼았고, 그 원리를 학습지도에 적용하여 소기의 성과를 거두었기에 그 결과를 밝히고자 한다.

필자는 교직자가 된 후 '자신감 높이기'를 교육의 기본 목표로 삼았다. 그리고 그것을 달성하기 위해 구체적인 교육목표도 '자신감'을 심어 주는 데 역점을 두었다.

그것은 말할 것도 없이 인생을 사는 데 가로놓인 다난한 장애를 제거하고, 새로운 문화를 창조하는 일에 도전하는 원동력을 키우는 일이기 때문이다.

필자는 대학에서 국어교육과와 석사로 언어교육 과정을 마친 후 중고교 교사 때는 물론 대학교수로 재임하면서도 '자신감'을 높이는 효율적인 학습의 극대화에 대해 연구하면서 실제로 전력투구하였다.

그리하여 전공인 국어교육은 물론 특별활동 등의 학습지도 목표도 무엇보다 '인생 발전의 원동력인 자신감'임을 인지시킴은 물론 이를 높이는 데 역점을 두었다.

1) '자기 효능감'을 높이는 세 가지 방법

새로운 일에 도전하여 성공하는 데는 무엇보다 '자기 효능감'을 높이는 것이 중요하다.

그것이 바로 성공의 열쇠이기 때문이다.

현대 사회에서 성공의 요인은 인생의 원동력인 '자신감'이다. 이를 높이기 위해서는 '자기 효능감'을 높이는 것이 중요하다.

따라서 자기 효능감을 높이려면,

첫째, 목표를 쉽게 성취할 수 있게 작은 단위로 나눈다.

　　　작은 성공이 쌓여서 효능감을 만드는 재료로 쓰인다.

둘째, 좋은 모델을 통해 간접 경험을 한다.

　　　나와 학력, 성별, 배경 등이 비슷한 사람이 일을 능숙하게 처리하는 것을 보면 나도 할 수 있다는 생각이 든다.

셋째, 내가 잘하는 부분에 대해 지지해 주고 긍정적인 피드백을 주는 사람을 주변에 둔다.

먼저, 일단 목표를 세운 뒤에는 그것을 실천할 수 있게 잘게 나누는 일이 중요하다.

그러니까 목표를 부담없이 실천할 수 있게 잘게 나누는 일이다.

그것이 목표를 달성하는 첫걸음이다.

예를 들어 걷기 운동을 할 때 10층 오르기보다 1층 오르기로 목표를 잘게 나누어 실천하는 것이 중요하다.

그러니까 실천하기 쉬운 작은 목표를 세워 성취해 나가라는 것이다. 이렇게 작은 성취가 쌓이면 '자기 효능감'이 올라가 더 높은 목표에 도전하게 되고 성공한다는 원리이다.

그러므로 최종적인 성공은 실천하기 쉬운 작은 목표의 성공을 쌓아야 한다는 것이다.

이 말은 캐나다 출신의 사회인지학습이론의 창시자이며 스탠퍼드대학교 심리학부 명예교수인 '엘버트 반두라 박사'가 창안한 용어이다.

또 하나는 그와 비슷한 원리로 모든 교과의 학력을 고르게 키우려 하는 것보다 한 과목만 집중적으로 지도하는 방법이다.

그리하여 발전이 있으면 그것을 동력으로 삼아 확대 발전시켜 나가는 것이다.

필자는 국어 교과를 통해서 얻은 자신감을 사회나 과학 계통의 과목으로 확대해 나가 예비고사를 통과시키는 경험을 했고, 특별활동인 웅변을 통해서 얻은 자신감으로 인생을 성공한 예를 경험했다.

과거에는 경제적 자산이나 누구를 안다는 사회적 자산, 교육에 의한 지적 자산 등이 중요한 역할을 했다.

그러나 4차 산업혁명으로 사회의 패러다임이 급변하는 불안한 상황에서는 '자기 효능감'처럼 심리적 자산이 높은 사람이 일을 잘 해내거나 성공할 확률이 높아졌다.

그런데 이때 무엇보다 경계해야 할 것은 근거 없는 자신감을 갖는 것이다. 다른 사람이 잘하니까 나도 잘할 수 있다는 식의 근거 없는 자신감은 금물이다.

'자기 효능감'이란 자기가 경험한 작은 성공들을 기반으로 나타나는 것이기 때문이다. 작은 성공의 누적도 없이 지나치게 자신을 믿는 것은 착각에 불과하며, 그 결과는 실패의 원인이 되기도 한다.

이러한 원리로 자신감을 높이는 세 가지가 있으니, 그 하나가 개별적인 지도요, 다른 하나가 집단적 학습지도, 또 다른 하나가 특활지도 방법이다.

그러나 세 학습의 기본 원리는 같다고 본다. 그것은 '자기 효능감'을 높이는 것이 기본이기 때문이다.

자신감-인생을 성공으로 이끄는 열쇠

2) 자존감 높이기

그리고 또 하나의 성공 요인은 '자존감'을 높이는 것이다. 즉 이러한 '자기 효능감'을 통해서 자존감을 높이는 일이다.

그것이 바로 나는 국어를 잘하니까 글짓기도 잘할 수 있고, 달리기를 잘하니까 축구도 잘할 수 있으며, 물구나무서기를 잘하니까 뜀틀도 잘할 것이고, 농구를 잘하니까 배구도 잘할 수 있다는 자존감을 높이는 일이다.

이렇게 작은 '자기 효능감'을 통해 하나하나 성공을 쌓아서 큰 성공의 능력을 쌓는 식이다.

3) 자신감 높이기의 시작은 1인 1기 운동으로

필자가 36년간 교육지도자 생활을 하며 특별히 깨달은 의미 있는 일은 "사람은 누구나 한 가지 이상의 특기를 가지고 있다"는 사실이다.

그것을 입증할 수 있는 것은, 학교에서 배양된 교과 능력보다 잠재적인 우수한 재질이 사회에서 더욱 유용하게 활용되는 것을 많이 보았다.

그러한 까닭에 개인의 특기를 개발 신장시키는 일이 무엇

보다 중요한 교육의 과제로, 이것이 자신감 높이기의 기본
이라고 본다.

자신감 높이기는 '자기 효능감'에 의한 작은 성공을 반복
하고 확장, 축적하는 것이 지름길이라고 본다.

그러니까 자신감 높이기의 대원리는 운동이 무엇보다 효과적
인데, 그것은 1인 1기 특기 운동으로 시작하는 것이 중요하다.
거기에서 얻은 자신감은 다른 운동은 물론 교과에도 확대
신장되기 때문이다.

사람은 누구나 한 가지 재능을 가지고 있다는 것은 진리
이다.

우리는 학교에서 어떤 학생은 인문계, 어떤 학생은 각종
운동, 또 어떤 학생은 음악이나 미술 분야, 혹은 익살이나
잡기 등에 재주가 뛰어난 학생을 볼 수 있다.

이런 원리로 선진국 미국에서는 일정 수준의 운동을 하도
록 제도화해 놓고, 그 바탕 위에 여러 학과를 기본적으로 이
수한 후 자기 소질과 이상에 맞는 전공을 이수하게 하는 교
육제도를 운영하고 있는 것이다.

우리는 학교에서 배운 교과 성적이 사회생활에 반영되는
것보다 잠재적인 우수한 재질이 발휘되어 의외의 분야에서

두각을 나타내는 것을 많이 볼 수 있다.

그러므로 이를 개발 신장시키느냐가 무엇보다 중요하다는 것을 체득했고, 그것을 개발 신장시키는 것이 교육의 기본 과업이라고 강조한다.

이것은 진정 교육 성패의 관건이기도 한다.

필자는 오랜 교직 생활에서 사람은 어느 한 교과에 특별한 소질이 있듯이 운동에도 특별한 소질이 있다는 것을 발견하였다. 그것을 평생 해 온 교직 생활의 큰 수확으로 생각한다.

그 중에서도 운동에 대한 소질이 기본적이고 원동력적이라는 것을 발견하였는데, 그것은 교육적인 의미가 매우 크다고 본다.

그 이유는 교과를 통해 얻는 자신감보다는 운동을 통해 얻는 자신감이 더 기본적이고 원동력적이었다. 그것은 지난날 나의 학습 경험은 물론 한평생 교수 생활을 통해 경험하고 발견했기 때문이다.

이는 평생의 교육 경험에서 얻은 무엇보다 귀중한 가치라고 본다.

문학이나 수학, 과학, 역사… 등의 교과서에서 발견되는 특별한 소질에 따른 자신감도 중요하다.

그러나 필자는 모든 능력과 소질의 그릇이며 기본 틀이 '몸'이라는 사실을 강조하고 싶다.

그러므로 건강뿐 아니라 '자신감'을 잘 키우는 데는 운동이 최고라고 생각한다.

그것을 입증하는 것으로, 필자가 초등학교 때 '개에 대한 글짓기'에서 얻은 자신감보다 중학교 체육시간에 '물구나무서기' 운동에서 얻은 자신감이 더 근본적이고 강력했다.

여기서 얻은 자신감은 어떤 교과나 문과나 자연계의 경계를 넘어선 인생의 원동력이 되었다.

그러니까 이 운동을 통해서 얻은 자신감은 전 인생의 원동력이었다.

그 자신감으로 필자는 중년에 테니스, 골프 등을 배웠고, 구십이 넘은 나이에도 등산을 할 수 있는 원동력이 되고 있다.

그러니까 더욱 근본적이고 원동력적인 자신감은 신체적인 운동에서 발현되는 것을 깊이 체감했다.

또한 운동에서 체득한 자신감이 더욱 공고해짐도 인생 역정에서 성공의 축적을 통해 얻은 결과라고 본다.

필자의 이러한 원리의 깨달음은 평생 교수 활동을 통해서 얻은 무엇보다 값진 결실이었다.

2. 자신감 높이기 3단계 이론

이러한 인생 도전의 원동력인 '자신감 높이기 방법'은 집단학습지도, 개별학습지도, 특별활동지도(운동, 특별활동) 등으로 나눌 수 있다.

그것은 다음 이론을 적용하는 데 매우 효과적이었음을 밝혀 둔다.

앞에서 밝힌 바대로 중학교 때 체육 선생님의 '물구나무서기' 운동의 지도 원리가 1954년 미국 심리학자 폴 피츠의 인지－정착－자동화의 3단계 학습지도 원리와 직결됨을 확인하고, 이것을 '자신감 높이기'의 원리로 삼아 적용함으로써 소기의 성과를 얻었기에 그 지도 과정 원리를 소개한다.

필자는 물론 국어교육에서 문화생활의 기본 능력인 언어소통 능력을 높이고 아울러 정서 함양, 가치관 고양, 아울러 적극적이고 능동적인 태도를 신장시키는 것을 기본 목표로 삼았다.

그리하여 무엇보다 인생을 살면서 맞닥뜨리는 여러 장애를 제거하고, 새로운 문화를 창조하는 도전의 원동력인

'자신감' 높이기를 더욱 중요한 기본 목표로 삼았다.

그리고 실행 결과 소기의 성과를 거두었기에 '자신감 높이기'를 모든 교과학습 원리에도 적용할 것을 제안한다.

폴 피츠의 법칙 : '물구나무서기' 운동의 원리 적용

인지(認知) : 원리 인지의 단계이다.

'물구나무서기' 운동의 원리를 예로 들면, 물구나무서기를 할 때는 무엇보다 '뒤로 넘어지지 않게 하는 원리'가 가장 중요하다. 그 이유는 물구나무서기를 할 때 학습자가 제일 두려워하는 이유가 뒤로 넘어지는 것이다.

그런 염려를 불식시키는 원리가 '머리를 쳐들어야 하는 것'을 이해시키는 것이다.

그 첫 동작으로 양손을 땅에 짚고, 그다음 '머리를 위로 쳐들면 절대로 뒤로 넘어지지 않는다'는 원리를 인지시킨 다음 두 다리를 위로 올리게 하는 것이다.

정착(定着) : 적응 단계이다.

자신감-인생을 성공으로 이끄는 열쇠

학습자가 앞에서 밝힌 원리를 적용하여 뒤로 넘어지지 않게 되면, 그 성취감에서 훈련을 몸에 밸 때까지 반복하게 된다.

자동화(自動化) : 전문화의 단계이다.

이런 과정을 통해 얻은 '자신감'의 원리를 완전히 몸에 밸 때까지 시도하는 전문화 과정이다.

3. 자신감 높이기 지도의 일반원리

1) '자기 효능감'은 누구에게나 있다

'자기 효능감'이란 어느 한 사람이 성취하고자 하는 수준에 도달할 수 있는 자기 능력에 대한 확신이라고 본다.

이러한 '자기 효능감'은 누구에게나 있다는 것이다.

운동을 하는 효능감을 비롯해서 글을 쓰는 효능감, 연예인이나 교육자, 과학자 또는 사업가로서의 효능감 등 어느 분야에서나 효능감이 있다고 본다.

'자기 효능감'이 강한 사람들의 대표적 특징은 어떤 일에 도전하는 자기 동기력이 강할 뿐 아니라, 추진 중에 어떠한 난관에 부딪혀도 쉽게 포기하지 않는 공통점이 있다.

그 대표적인 예로 리우 올림픽에서 난관에 봉착했을 때 포기하지 않고 우승을 거둔 사격의 진종오 선수, 골프의 박인비 선수, 도쿄 올림픽 때 양궁의 안 산 선수 등을 드는데, 그들은 누구보다 '자기 효능감'이 높다고 할 수 있다.

이들은 자신의 능력에 대한 신념으로 노력한 결과이기도 하지만, 반복되는 다양한 성공 경험이 주류이고, 또한 주변으로부터 받은 크고 작은 칭찬이나 격려들이 밑거름이 되었다는 점이다.

그 대표적인 예가 자라날 때 부모님을 비롯한 선생님, 성장하면서는 친구들, 사회에 진출해서는 직장 상사나 동료들인데, 여기서 선생님의 지도와 격려가 무엇보다 크고 중요하다는 것이다.

그런데 필자는 교육자로서 이 '자기 효능감'에 대해 전문적인 연구는 물론 효능감을 높이는 데 얼마나 이바지했는지 모르나, 가능한 한 최선의 노력을 경주한 것만은 자부한다.

훌륭한 교육자는 학습자의 잠재적 역량을 파악하고 발굴하여 이를 최대한 발휘하도록 이끌어야 하는 것이 기본 책무라고 본다.

우리나라, 특히 교육자들에게는 이에 대한 전문적인 연구는 물론 이의 실행을 위해 적극적인 열의가 필요하다.

그 중요한 이유는 '자기 효능감'이 높은 사람은 진취적일 뿐 아니라 매사에 긍정적이면서 추진하는 일에 누구보다 적극적이고 열정적이기 때문이다.

아울러 실패했을 때도 회복력도 빠르고 자신의 능력에 대한 신념과 일의 성취에 대한 확신이 강하다.

또한 '자기 효능감'이 강한 사람은 일의 효율성에 대한 기대가 크다.

자기가 추진하는 일의 효율성에 대한 확신은 자기 능력에 대한 신념을 가져올 뿐 아니라 나아가 큰 성취로 이어진다.

이는 주위 사람의 칭찬과 격려에 의해 생성되는데, 무엇보다 초등학교 때 선생님의 칭찬은 더없이 중요하다.

그래서 교육자는 물론 부모들은 누구에게나 '자기 효능감'이 있다는 사실을 알아야 하고, 이에 늘 관심을 두어야 한다.

이 '효능감'의 분야도 매우 다양하다.

우리가 꼭 유의해야 할 점은 '자기 효능감'이 강한 사람의 공통점은 "자기 동기력이 강할 뿐 아니라 추진하는 일을 쉽게 포기하지 않는다는 점"이다.

그 예로 올림픽 금메달 선수들이 대표적이다.

2) '자기 효능감'은 어떻게 생성되는가?

그것은 수많은 어려움과 시행착오를 거듭하면서 극복해내는 크고 작은 성공 경험 등을 통해 그 진가를 맛보고 그것이 누적되어 생성된다고 본다.

뛰어난 성취를 많이 이룬 사람들은 자신이 추구하는 미래와 자신이 처한 현실의 격차를 잘 인식한다고 한다.

이들은 목표를 세웠을 때 긍정적인 결과를 생생히 그리는 동시에, 그 목표를 이루기 위해 넘어야 할 장애와 여러 어려움을 예상할 뿐 아니라 그것들을 반드시 극복할 수 있다는 '자신감'을 가진다는 것이다.

그러나 만일 그들이 추진하는 일에 실패했을 때는 근본 원인이 능력 부족이 아니고 이례적인 실수로 가볍게 여기는 경향이 강하다고 본다.

이 같은 자신의 능력에 대한 확신은 무엇보다 노력의 결과이다.

아울러 주위 사람들의 격려도 중요한 밑거름이 되는데, 어릴 때 부모님과 선생님, 성장하면서는 주위 친구들, 사회에 진출해서는 직장 동료나 상사들이라는 것이다.

그 중에서도 교육을 전문으로 하는 선생님의 전문성 있는 지도와 격려가 가장 중요하다.

'자기 효능감'이 강한 사람 중 대표적인 예로, 고 정주영 회장이 이끄는 현대건설이 중동에서 1975년부터 1979년까지 진행한 공사였다.

'자기 효능감'이 강한 사람은 매사에 열정적이고 목표의식이 강하며 긍정적인데, 그 정서는 "불가능을 부정하고 가능케 한다는 점"이다.

우리가 명심해야 할 것은 '효능감'이 강한 사람은 부정적인 상황을 역발상으로 어떻게든 긍정적인 방향으로 변화시키기까지 한다는 것이다.

그런 사람은 뜻을 이룰 때까지 밀고 나가는데, 그 힘도 긍정적인 정서에서 나온다고 한다.

"나는 할 수 있다"는 긍정적인 마음은 어려운 목표에 도전할 힘을 발휘하는 '원동력'이라는 것이다.

일반적으로 자기 효능감이 높을수록 긍정적인 정서를, 반면 자기 효능감이 낮을수록 부정적인 정서를 경험하는 것으로 나타난다.

그러니까 자기 효능감은 자기 확신감을 결정하는 데 자기에 대한 긍정적 정서를 결정한다는 것이다.

이러한 긍정적 정서는 행복해지는 기본 요소로서 통찰력을 높일 뿐 아니라, 자신의 행복을 타인에게도 나누어 주는 대인 관계의 원활한 능력까지 향상시키는 원동력이다.

3) 정서(뇌)를 긍정적으로 바꾸는 원리

첫째, 자신과 타인의 장점을 보고

둘째, 심장박동수를 가장 이상적으로 유지하고 감시하며

셋째, 뇌를 행복하게 하고 머리를 좋게 만드는 규칙적인 운동을 하라는 것이다.

또한 항상 현실을 긍정적으로 바라보고,

늘 자신의 감정을 통해 일에 대한 자신감을 키워 나가며,

열정을 쏟고 일할 수 있도록 몸을 건강하게 하는 꾸준한 운동이 필수이다.

그러니까 '자기 효능감'이 높은 사람은 자신의 능력에 대한 신념이 강하다. 곧 자신의 능력으로 어떤 일도 이루어 낼

자신감-인생을 성공으로 이끄는 열쇠

수 있다는 사실을 굳게 믿는다.

'능력'이란 모든 면에서 뛰어난 재능을 일컫는 말은 결코 아니다.

인류의 역사를 돌이켜보면 훌륭한 업적을 남긴사람들은 "자신의 장점을 잘 알고 목표에 집중한 사람들"이라고 본다.

특히 학업에 전념해야 하는 청소년들의 경우도 '보다 긍정적인 자기 효능감'을 지닐수록 뛰어난 학업 성취를 이룩하는 것을 흔히 볼 수 있다.

이것은 '자기 효능감'이 학업 성취와 밀접한 관련을 맺는 강력한 동기인 것이다.

청소년들의 이러한 '자기 효능감'은 어릴 때부터 부모나 선생님, 친구들과의 관계에서 형성될 수 있기 때문에 각별한 관심이 필요한데, 그 중에서도 학습지도자인 선생님의 전문적이고 세심한 지도가 필요하다.

'자기 효능감'은 자신을 둘러싼 환경을 효과적으로 다룰 수 있다고 지각하는 것이다. 그것은 지적 능력뿐 아니라 학업에 대한 자신감과 밀접한 관련을 맺는다.

그리하여 학습지도자는 물론 동료의 지지와 격려가 '자기 효능감'을 높인다.

우리가 꼭 알아야 할 것은 "자신의 능력에 대한 신념이 높은 사람들에게는 두 가지 공통점이 있는데, 하나는 그 신념을 갖기 전까지 부단히 노력해 왔다는 것이고, 또 하나는 난관을 극복하고 능력을 증진하려는 수단으로 노력에 절대적 가치를 둔다는 것"이다.

그리고 더 중요한 것은 "자신의 노력이 결코 헛되지 않으리라는 확신이 있어야 하고, 그것이 지속적인 노력과 도전을 하게 만드는 힘의 원천이라는 점"이다.

이 같은 확신과 믿음에는 학습자 본인의 노력도 중요하지만 학습자에 대한 격려와 주위의 지지가 매우 중요하다.

인간의 능력은 두 가지 차원으로 구성되어 있다.

그 하나가 인지 능력이요, 다른 하나는 비인지 능력이다.

인지 능력이 높으면 똑똑하거나 머리가 좋다고 평가받는다. 다른 하나인 비인지 능력은 끈기와 열정, 집념, 도전정신, 회복탄력성 등이다.

그러니까 비인지 능력이 높으면 "열정적이다, 끈기 있다, 참을성이 많다, 침착하다, 자신감이 넘친다. 집념이 강하다"라는 평가를 받는다.

자신감—인생을 성공으로 이끄는 열쇠

각자의 분야에서 뛰어난 업적을 이룬 학자, 기업인, 예술가, 운동선수들의 공통점은 바로 '높은 성취력'이다.

그런데 성취력은 인지 능력보다는 비인지 능력에 의해 훨씬 크게 좌우된다. 비인지 능력은 한마디로 꾸준히 노력할 수 있는 힘이다.

그 힘은 어디에서 오는가? 꾸준히 노력하면 목표에 도달할 수 있다는 확신에서 온다.

성취력을 높이려면 좌절하지 않고 꾸준히 노력하는 근력을 키워야 한다.

우선적으로 필요한 비인지 능력 중에서도 '그릿(GRIT)'이 가장 중요하다.

4) '자기 효능감'의 원천인 '그릿(GRIT)'

'그릿'은 자신이 세운 목표를 위해 꾸준히 노력할 수 있는 근력을 의미하는 단어이다.

학습지도자는 학습자의 근력을 키우기 위해 작은 일부터 이루어지는 훈련을 지속적으로 시행해야 한다. 그래서 점점 큰일을 할 수 있는 단계까지 이끌어 주어야 한다.

그릿은 자신이 세운 목표를 포기하지 않고 끝까지 행할

수 있는 원동력인 근력으로 '자기 효능감'의 원천이다.

이 그릿은 스스로에게 동기와 에너지를 부여하는 힘이다. 그리고 자기 동기력과 목표를 향해 끈기 있게 전진하도록 스스로를 조절하는 힘인 '자기 조절력'이다.

자기 동기력은 스스로 노력하면 더 잘할 수 있으리라는 능력과 성장의 믿음, 하는 일 자체가 재미있고 좋아서 하는 내재적 동기(intrinsic motivation)가 있어야 생겨난다.

'자기 조절력'은 역경과 어려움을 오히려 도약의 발판으로 삼는 회복탄력성(resilience)과 목표를 향해 불굴의 의지로 끊임없이 도전하는 끈기가 있어야 생긴다.

그릿은 자기 동기력에서 시작해서 자기 조절력으로 완성되며, 그것을 발휘해야 구체적인 성취를 이루어 나갈 수 있다.

지능이나 재능은 일종의 잠재력인데, 이를 발휘하도록 하는 힘은 바로 '그릿'이다.

그 그릿이 결국은 자기 효능감을 형성해 일의 성취에 대한 확신과 신념을 심어 준다.

자신이 세운 목표를 끊임없이 지속할 수 있는 힘은 결코 하루아침에 형성되지 않는다.

일을 하면서 넘어지기도 하고 좌절도 경험하면서 또 일어나기를 반복하는 동안 자기도 모르게 서서히 형성되는 것이

자신감-인생을 성공으로 이끄는 열쇠

바로 '그릿'이다.

그 그릿이 결국에는 높은 '자기 효능감'을 형성한다.

"자기 효능감은 어떤 어려운 난관에도 자신을 믿고 끝까지 끌고 나갈 수 있는 힘의 원천이다."

성취 동기가 높은 사람은 외형적인 보상보다는 성취를 이루기 위해서 스스로 즐기는 모험을 더 중시한다.

강한 자신감과 열정으로 노력하여 얻은 결과를 지속시켜 나가려는 성향이 매우 강하다.

반면, 성취 동기가 낮은 사람은 미래의 성취보다는 지금 현재 진행하는 일에 만족하려는 성향이 강하다. 즉 성취 동기가 높은 사람은 단순하면서 반복적인 일에는 별다른 관심을 보이지 않는다.

어떤 일에 실패하거나 진행이 원만하게 되지 않더라도 결코 포기하거나 도전을 멈추지 않는다.

4. '자기 효능감'이 높은 사람의 특징

1) 일의 성취에 대한 확신이 강하다

'자기 효능감'이 높은 사람은 일의 성취에 대한 확신이 강한데, 다음의 특성을 지닌다.

첫째, 과업 지향적이다.

과업 지향적인 사람은 보상보다 그 일이 주는 가치에 의미를 둔다.

둘째, 새롭고 모험적인 일을 통해 자신의 능력을 타인에게 과시할 수 있는 일에 도전하기를 좋아한다.

셋째, 자신이 수집한 정보 분석을 바탕으로 자신감을 가지고 그 일을 추진한다.

넷째, 새롭고 가치 있는 일에 도전적이며 의욕을 보인다.

다섯째, 어떤 과제에 도전하여 결과가 실패로 끝나더라도 그 원인을 타인보다는 자신에게서 찾으려는 경향이 강하다. 그리하여 그 과정의 실패 원인을 성취를 이루는 디딤돌로 삼는다.

여섯째, 일의 결과를 떠나 일처리 과정에서 얻는 정보를 토대로 삼아 또 다른 성과를 얻으려고 노력한다.

일곱째, 철저한 준비를 통한 현재의 과제 이행을 미래 도전의 성취를 위한 발판으로 생각한다.

이를 종합해 보면 자기 효능감과 성취 동기가 높은 사람은 어떤 장애나 걸림돌이 큰 문제가 되지 않는다.

그들은 철저한 분석을 통해 도전적이며 미래 지향적인 사고와 행동으로 성취를 이루어 내기 때문이다.

그러면 무엇보다 중요한 교육 과업은 일의 성취에 대한 확신이 약한 구성원들에게 어떻게 동기를 부여해 확신을 높일 수 있을까이다.

그 지름길은 성공 경험을 반복적으로 축적하는 것이다.

성공 경험이 적고 실패가 많다 보면 일에 대한 성공의 가치를 느낄 기회가 없다.

2) 일의 효율성에 대한 기대가 크다

'자기 효능감'이 높은 사람은 일의 성취뿐 아니라 효율성에 대해서도 큰 의미를 둔다.

어느 직책에 있든 스스로를 믿고 자신이 하는 일에 대한 효율성을 키워 나간다면 꿈을 실현할 수 있다는 말이다.

그러기 위해서는

첫째, 그 일에 대한 정보를 많이 가졌을 때 실현 가능하다. 그 정보는 여러 자료를 통해서 얻을 수도 있지만, 실제 경험에서 얻은 정보가 더 가치 있다.

둘째, 자신이 세운 목표에 대한 성공을 반복할 때 자신이 하는 일의 효율성에 대한 기대가 더욱 커진다.

셋째, 주위 사람들의 인정으로 일에 대한 효율성은 더 커진다. 그 중에서도 선생님의 관심은 학습자의 능력 결과에 대한 효율성을 기대하고 확산하는 과정에 매우 큰 영향을 미친다고 본다.

학습자의 성공을 가속화하기 위해 학습자의 강점을 어떻게 이용할 것인지 묻기만 해도 학습자에게는 큰 힘이 된다. 그러므로 선생님의 관심이 학습자의 성공을 가져오게 되는 것이다.

넷째, 학습자의 약점을 보강하기 위한 학습지도자의 교육, 코칭, 멘토링이 중요하다.

그런데 유일한 차이점은 장점을 키운 쪽이 약점을 고친 쪽보다 활동을 더 즐겼고 효율적이라는 점이다.

학습자가 즐기며 학습할 수 있는 강점을 늘려 나가는 것이 무엇보다 중요하다.

학습자의 효율성에 대한 확신이 강하면 어떠한 효과가 있을까?

첫째, 자신감을 갖고 학습에 도전한다.

둘째, 시간이 흐를수록, 경험이 쌓일수록 효율성의 기대에 대한 확신은 더 커진다.

셋째, 학습에 도전했다가 실패하더라도 금방 잊고 다시 도전한다. 실패를 실수와 같다고 생각한다. 그만큼 회복탄력성이 강하다.

그리고 성공에 대한 상상이 더욱 타올라 가슴이 뜨거워지고 일을 다시 시작할 수 있는 에너지원으로 생성된다.

이처럼 효율성에 대한 확신이 서면 학습을 더 즐겁게 할 수 있을 뿐 아니라 일의 성공에 직접적인 영향을 미친다. 더욱 열성적이고 학습 효과에 대한 확신은 본인의 노력으로 성공의 경험이 쌓이며 배가된다.

아울러 그 효과에 대한 학습지도자의 관심과 인정, 격려가 매우 중요하다.

3) 확실한 목표를 설정하고 세부 활동 계획을 설정한다

'자기 효능감'이 높은 사람은 확실한 목표를 설정하고, 세부 활동 계획들을 끊임없이 '리마인딩(reminding)'하는 것, 즉 성공에 이르는 하나의 공식 같은 시스템을 설정한다.

그 꿈과 목표를 향해 열정을 갖고 도전하는 데 '자기 효능감'이 무엇보다 중요하다는 사실을 상기한다.

어린 시절부터 형성되기 시작하여 삶의 순간마다 열정을 갖고 도전할 수 있는 힘, 자신의 능력에 대한 확신이 만들어 낸 힘이 '자기 효능감'이다.

그러나 한편 어릴 때부터 '자신감'을 키워 주지 못한 것은 부모의 책임이라고 할 수도 있지만, 초등학교에 처음 입학했을 때부터 골고루 관심을 가지고 교육하지 못한 교사의 책임이 크다고 본다.

인생 목표를 모두 달성하는 원동력이라 할 수 있는 '자기 효능감'을 키우면 결코 실패를 겪지 않게 된다.

사람들은 목표를 이루는 과정에서 필요한 수많은 행동들을 스스로 선택해야 한다.

그 중 두 가지가 '비전과 행동력'이다.

자신감-인생을 성공으로 이끄는 열쇠

성공한 사람들은 비전에 바탕을 둔 확실한 목표와 행동력이 항상 뒷받침된다.

이 이론의 핵심은 명확한 목표를 설정한 사람은 목표를 달성하기 위한 최적의 지침을 확정하고, 목표가 애매한 사람보다 학습에 보다 집중할 수 있다는 것이다.

희망이론의 창시자인 릭 스나이더(C.R. Snyder)는 목표가 있으면 달성할 방법을 궁리하기 시작한다. 꼭 달성하기 위한 목표를 세우면 달성할 방법을 궁리하므로 그것이 머리에 떠오른다는 것이다.

4) 목표를 크게 설정하고 도전의식이 강하다

'자기 효능감'이 높을수록 어떤 과업에 대해 목표 수준은 물론 성과 수준, 노력 수준, 몰입 정도 등이 높다는 것이다.

록(Locke)과 라쌈(Latham)에 따르면, '자기 효능감'의 크기나 강도는 개인이 설정하는 목표 수준과 매우 밀접한 상관관계가 있다고 한다. 즉 목표 수준은 개인의 능력이나 과거의 성과보다는 '자기 효능감'에 의해 더 큰 영향을 받는다는 것이다.

과업을 수행하기 전 목표를 미리 세워 놓고 일을 진행하면 더 큰 성과로 이어진다는 것은 잘 알려진 사실이다.

'자기 효능감'이 강하여 스스로 목표를 세워 도전하는 학생은 자신의 능력과 자신의 일에 대한 효율성을 믿기 때문이다.

'자기 효능감'과 성과 사이에는 인내와 노력이라는 매개변수가 존재함을 뜻한다.

개인이 어떤 과업에 대하여 목표나 기준을 미리 정해 놓으면 진행 중 행동에 중요한 자기 통제 역할을 한다는 주장은 일반적인 원리이다.

즉 인간의 행동은 미리 정해 놓으면 추후 행동에 중요한 자기 통제 역할을 한다는 주장이다.

인간의 행동은 미리 정해 놓은 목표와 기준에 따라 조정된다는 것이다.

목표 설정은 성과에 미치는 직접효과와 간접효과가 있다.

전자는 인간의 활동 동기와 과정에 직접적인 영향을 미치는데, 목표 달성에 대한 노력, 주의 환기, 의식의 각성, 방향성 시사, 노력 지속성 등을 들 수 있다.

후자는 목표에 도달하기 위한 정보 지식의 저장, 연구 개발 노력, 새로운 지식과 기술의 획득 등 다양한 전략 구상 등이다.

첫째, 목표 설정을 통해 과제에 집중할 수 있다.

목표를 설정하면 평소 주의를 기울이지 않았던 부분에 신경을 쓰게 된다.

둘째, 목표 설정을 하면 과제 달성을 향한 지속적인 노력을 하게 된다.

그것은 개인의 동기를 자극하기 때문이다.

셋째, 목표 설정은 실패 위협이나 난관 속에서도 인내력을 길러 지속적인 노력을 가능하게 한다.

넷째, 목표는 개인에게 적절한 각성과 긴장감을 갖게 하여 주의를 집중하게 돕는다.

또한 자신의 발전 상황을 객관적으로 파악하여 피드백을 함으로써 능력 향상에도 기여하게 한다.

어떤 난관에도 결코 포기하지 않는 추진력은 성공의 경험으로 형성된 '자기 효능감'에서 나온다.

결론적으로 '자기 효능감'이 높은 사람은 목표를 크게 설정하고, 스스로 세운 목표를 달성할 수 있다는 자신감을 가지고 도전한다.

이것은 바람이 센 지역에서 자란 대나무는 마디가 굵은데, 그것은 바람에 견디고자 자신을 단련하다 보니 그 마디가 굵어지는 이치와도 같다.

사람도 마찬가지다. 모진 풍파를 견디어 낸 사람일수록 어려운 일이 닥쳐도 그 난관을 극복해 낸다. 어려움을 극복해 낸 그 힘이 목표를 크게 세우고 도전할 수 있는 용기를 주는 것이다.

그리하여 목표를 추진하는 과정에서 어떤 난관에 봉착하더라도 쉽게 포기하지 않는다.

이것은 그 동안의 성공 경험으로 형성된 '자기 효능감' 덕분인 것이다.

5) 어려움이 있을 때 쉽게 포기하지 않는다

'자기 효능감'이 높은 사람은 어려움이 있어도 쉽게 포기하지 않는다.

반면 '자기 효능감'이 낮은 사람은 어려움이 닥치면 노력도 하지 않고 쉽게 포기한다.

전자는 위험을 포기하기보다는 헤쳐 나가야 할 도전으로 보고 접근하는 자세를 취하는 게 일반적 자세이다.

'자기 효능감'이 높은 사람은 어려움에 처해도 더욱 노력하고 꾸준히 지속해 나간다.

하지만 '효능감'이 낮은 사람은 성취 욕구가 낮고 목적 달성을 위한 실행력도 약하다.

이러한 '자기 효능감'이 높은 사람과 낮은 사람의 현격한 차이는 어디에서 비롯되는가?

'자기 효능감'이 강한 사람들은 자신의 실패를 노력 부족이나 성취하는 데 필요한 지식과 기술이 부족했기 때문이라고 생각한다.

그러나 '자기 효능감'이 낮은 사람은 충분하지 못한 수행 결과를 적성과 능력 결핍 탓으로 여기기 일쑤다. 그래서 자기 능력에 대한 신념을 쉽게 상실하고 어려움에 처했을 때 쉽게 포기하게 된다.

많은 사람들은 자신의 능력에 대해 과대평가하는 경향이 있는데, 이는 인지적 실패나 성격 결함이 아니라 하나의 이점으로 작용할 수도 있다.

자기 능력에 대해 지나치게 과소평가한다면 필요한 만큼의 노력을 하지 않는 결과를 초래할 수 있기 때문이다.

긍정적인 사고의 중요성을 설파했던 '노먼 빈센트 필'은 『긍정적 사고방식』이라는 책으로 베스트셀러 작가가 된 인물이다.

트럼프는 그의 열정과 긍정적인 가치관에 깊은 감화를 받았다고 한다.

그가 40년 넘게 비즈니스 세계의 승자로 살아남은 이유 중 하나도 자기 능력에 대한 신념, 곧 '자기 효능감'이 높았기 때문이라고 본다.

이처럼 포기하지 않고 성공할 때까지 일을 추진하려면, 어려움에 처했을 때 무엇보다 자신의 능력을 믿어야 한다. 그리고 긍정적인 사고로 '할 수 있다는 자신감'을 바탕으로 한 실행력이 중요하다.

끝까지 포기하지 않고 목표한 바를 추진하려면 비전을 세워야 한다.

'비전'은 미래에 대한 나의 내비게이션이다.

미래에 대한 구상, 새로운 세상과 미래에 대한 열정으로 꿈과 목표를 향해 나아가는 것이 바로 '비전'이다.

'비전'은 막연한 소망이나 꿈이 결코 아니다.

실제로 실현 가능한 결과를 눈앞에 이루어 나가는 것이다. 그러니까 진심으로 꼭 성취하고 싶은 것에 초점을 맞추어야 한다.

자신감-인생을 성공으로 이끄는 열쇠

6) '자기 조절 효능감'이 강하다

'자기 효능감'이란 하나의 비교 기준으로 내재된 기술을 실제 수행으로 옮기는 매개이다.

이는 인간의 행동에 가장 강력하게 영향을 미치는 요인이기도 하다.

특정 과제에서 특정 결과를 산출해 내는 데 요구되는 일련의 조치를 취하고 성공적으로 수행할 수 있다는 '자기 능력에 대한 믿음'이다.

사회인지론에서는 '자기 효능감'을 성공적 행동의 결정인자로 볼 정도이다.

'자기 효능감'은 개인의 성공 가능성에 대한 신념이기에 행동의 선택과 수행, 그리고 지속성에 중요한 영향을 미칠 뿐 아니라 원동력이라고 할 수 있다.

일반적으로 '자기 효능감'의 하위 요인(자신감, 자기 조절 효능감, 과제 난이도 선호) 중 창의적인 인성을 설명하는 가장 중요한 요인이 바로 '자기 조절 효능감'이다.

'자기 조절 효능감'이란 개인의 자기 조절, 즉 자아관찰, 자아판단, 자아반응을 잘 사용할 수 있는가에 대한 효능 기대이다. 즉 개인이 어떤 과제를 달성하기 위해 자기 관찰 인지 과정과 자기 판단, 그리고 자기 반응인 동기 과정을 잘 사용할 수 있는가에 대한 효능 기대이다.

'자기 효능감'이 강한 사람은 자신의 행동을 관찰하고, 자신의 목표인 기준에 비추어 자신의 수행 능력을 신속하게 판단한다.

그래서 그 수행 결과가 긍정적이라면 새로운 목표를 설정하고, 부정적이라면 자신의 목표를 이루기 위해 부가적 행동을 하는 반응을 한다.

그러나 '자기 효능감'이 낮은 사람은 수행 결과가 안 좋을 때 쉽게 포기하는 면이 대조된다.

'자기 조절 효능감'은 개인 역량을 최대로 발휘할 때뿐만 아니라, 조직의 유효성을 극대화하는 데도 매우 중요한 역할을 한다.

'자기 효능감'이란 달성해야 할 목표를 수행하는 상황에서 목표 달성을 위해 자신이 소유하고 있는 필요한 '자기 조절 전략'이다.

'자기 조절 효능감'이 낮으면 실패했을 때 쉽게 좌절하고 다시 도전하는 힘을 발휘하지 못하는 경우가 일반적이다.

그러니까 자기 조절 능력의 효능감이 낮은 사람들은 어려운 일에 도전하는 것 자체를 꺼린다.

자신감-인생을 성공으로 이끄는 열쇠

이는 편안함에 길들여져 있어 몸과 마음이 힘들어지는 일을 기피하는 경향이 강하기 때문이라고 본다.

사람들은 일반적으로 마음과 신체의 안락함을 구축하는 경향이 강하다.

그것은 어려운 일에 도전하려면 몸이 힘들어지는 건 물론이고 정신적으로도 스트레스가 수반되기 때문이다.

그러나 '자기 조절 효능감'이 뛰어난 사람들은 일의 가치를 신체의 편함이나 정신적 안락함보다 더 우위에 둔다. 그러므로 신체와 정신의 노고를 극복해 낼 수 있는 것이다.

7) 빠른 속도로 '자기 효능감'을 회복한다

'회복탄력성'이란 말 그대로 시련과 어려움에 직면해 있을 때 이를 극복하고 정상상태로 돌아올 수 있는 정신적·육체적 에너지를 말한다.

'회복탄력성'이 높은 사람들은 실수를 두려워하지 않고 오히려 그것으로부터 피드백을 적극적으로 받아들이는 긍정적 태도를 지니고 있는 것으로 나타났다.

'회복탄력성'은 개인이 가진 결함과 약점이 아니라 능력과 자원에 초점이 있다.

'회복탄력성'이 높은 사람은 긍정적인 자기 존중감을 갖는다. 이는 특별한 능력이 아니다. 적극적으로 행동하고, 남의 도움도 요청하며, 다른 사람과 관계를 맺는 평범하지만 긍정적인 특성을 갖고 있는 것이다.

'회복탄력성'은 타고나는 본성이 아니라, 변화와 도전적인 환경에서의 긍정적인 적응과 개인적인 발달이 포함된 역동적인 개념이다.

그러므로 이것은 모델링이나 교육 등을 통해 길러 낼 수 있는 능력이다.

'회복탄력성'은 스트레스와 일상 속에서 도전에 효과적으로 대처하고 실망, 실수, 상처, 역경 등으로부터 회복되는 능력이기도 하다.

그것은 현실적인 목표를 개발할 수 있고 문제를 해결할 수 있을 뿐 아니라, 더욱이 타인과 편안하게 상호작용을 할 수 있는 능력이기도 하다.

또한 자신 및 다른 사람들에게 존중과 존엄성으로 대하는 역량이며, 도전에 대해 사고력, 자신감, 목적, 의무, 감정 이입, 희망 등을 가질 수 있는 능력이다.

역경으로 인해 나락에 떨어졌다가도 위기 상황을 견뎌 내어 원래 위치보다 더 높은 곳까지 오르는, 오히려 역경을 발판으로 삼아 더욱 발전하는 능력이기도 하다.

동일한 위험 요소에 노출되었다 하더라도 개인이 어떤 정신적·행동적 대응 양식을 취하느냐에 따라 그 결과는 큰 차이가 난다고 보는 학자들이 많다.

'회복탄력성'이 높을수록 학교에 대한 흥미가 높고 학업 성적도 또한 높게 나타난다.

뿐만 아니라 사회생활이나 환경 등 전반적인 적응도 높다.

'회복탄력성'과 '자기 효능감'이 군대 생활 적응에도 직접적인 효과가 있다는 연구 결과도 많다.

'회복탄력성'은 이렇듯 사회생활 적응도에서 중요한 요인으로 인정되고 있다.

긍정성 증진 훈련은 자아 존중감, 회복탄력성의 중요한 요소이다. 급변하는 현대사회에서는 환경 요인과 정신적 스트레스로 심리적 부적응성을 겪는 현대인이 날로 늘어가고 있는 실정이다.

이러한 심리적 부적응을 치유하는 방안으로 최근 '긍정심리학'이 대두되고 있다.

대체로 '자아 존중감'과 '회복탄력성'이 높은 사람들은 매사에 긍정적이고 적극적이며, 사회적으로도 안정되는 성격

제2장 자신감을 높이는 교수학습지도

특성을 인정받는다.

또한 불안에 민감하지 않을 뿐 아니라 새로운 경험에 개방적이고 긍정적인 정서를 나타낸다.

결과적으로 긍정 증진 훈련은 '자아 존중과 회복탄력성'을 기르는 데 중요한 요소이다.

긍정심리학 창시자인 셀리그먼(Seligman)은 긍정심리학이 개인의 성장 주도성과 희망을 중요시하고 자신의 가치를 명확히 인정하여 삶을 더욱 의미 있게 만들어 간다고 한다.

그는 긍정적 삶의 공통 요소로 부정 정서보다 긍정 정서가 삶에 대한 만족감을 더욱 높인다고 한다.

또한 긍정 정서가 미래에 대한 희망, 과거에 대한 감사, 자신의 장점에 대한 인식, 재능과 장점을 활용하여 적극적으로 목표를 추구한다고 한다.

나아가 타인과의 친밀한 관계, 조직과 모임에의 의미 있는 참여에도 긍정 정서가 중요한 요소라고 강조하고 있다.

5. 목표 달성을 위한 학습지도자의 자세

지도자의 긍정적 피드백은 칭찬하고 격려하는 일이다. 그래서 피드백을 제공하는 사람으로부터 잘하고 있다는 느낌을 전달받아 현재 행동을 강화하고 자신감을 얻는 효과를 가져온다.

학습지도자는 학습자들의 마음속에 내재된 것을 밖으로 드러내 큰 힘을 발휘할 수 있는 잠재 역량을 이끌어 내는 것이 중요하다. 그리고 무엇보다 학습자가 스스로 자신의 역량을 믿고, 스스로 결단하며, 스스로 개척해 나가는 주도적인 인재가 되도록 지도해야 한다.

학습지도자는 일단 과제를 주었으면 학습자의 생각이나 주관적인 견해, 창의적인 아이디어로 일을 잘 마무리할 수 있도록 배려하고, 그것을 격려하는 자세가 중요하다.

성과가 좋으면 공개적으로 칭찬하고, 아울러 그 일을 해낸 학습자의 성과임을 동료들이 인정할 수 있도록 분위기를 조성해 주어야 한다.

또한 그 성과에 대해 잘한 점, 좋은 점에 대해 자세하게 피드백을 해 주는 것이 무엇보다 중요하다.

그리고 내용을 구체적으로 이해시켜 주어야 한다.

학습자가 자신이 학습한 것에 대해 보람을 느끼고 더 잘해야겠다는 각오를 갖도록 해야 한다.

그렇게 하면 더욱 창의적인 아이디어로 더욱 나아진 능력을 신장하게 된다.

이때 무엇보다 명심해야 할 것은 칭찬은 공개적으로 해야 하나, 개선점에 대해서는 은밀하게 전달하는 것이 중요하다.

학습지도자는 학습자가 목표 달성에 대한 의지를 꺾어 버리게 해서는 절대로 안 된다. 무엇보다 학습자의 장점을 찾아보려는 자세가 중요하다.

그 방법은 칭찬거리를 찾고, 비판적이기보다는 학습자가 잘해 낼 수 있다는 긍정적이고 낙관적인 자세를 갖도록 유도하는 것이다.

이때 학습자에게 잘할 수 있다는 자신감을 심어 주는 것이 매우 중요하다. 그것은 무언가 잘하는 일이 눈에 띄면 아낌없이 칭찬을 하는 일이다.

그러나 잘못된 일에 대해서는 의욕을 상실하지 않도록 바로잡을 수 있는 힌트를 주어야 한다. 그것이 무언가 더 잘할 수 있도록 용기를 불어넣어 주는 일이다.

훌륭한 지도자에게는 높은 수준의 감성 지능이 발휘되어야 하며, 감성 지능이 높은 학습지도자는 리더십 유효성이 더욱 높게 나타난다.

자신감을 심어 주려면 채찍보다는 배려와 격려가 무엇보다 중요하다.

학습지도자는 80%의 감성 지능과 20%의 지적 능력이 조화를 이룰 때 효과적으로 리더십이 발휘되고 지도 성과도 높아질 수 있다고 본다.

그러므로 학습 성과를 높이려면 감성을 바탕으로 한 '감성 리더십'에 훨씬 큰 비중을 두어야만 한다.

1) 학습자의 자신감은 학습지도자의 칭찬에서 비롯된다

그러면 무슨 일이든지 잘 해낼 수 있다는 자신감은 어떻게 형성되는가?

그것은 주위에서 보내는 격려와 칭찬이 최고의 명약이라는 것이다. 학습지도자가 학습자를 진심으로 격려하고 작은 일에도 칭찬해 주는 분위기가 조성된다면 자신감은 점점 더 높아질 것이다.

칭찬과 격려가 반복되고 그것이 자주 일어나면 학습자의 자신감도 같이 커지기 때문이다. 그러다 보면 학습자는 스스로 목표를 높게 설정해 도전하는 경우가 늘어난다.

또한 학습자가 목표를 높게 설정해 도전하다 보면 실패하는 경우도 있다. 이때 잠시 기다려 주는 여유와 따뜻한 격려가 무엇보다 중요하다.

2) 학습자에게 내적 유인체계를 사용하라

학습자의 '자기 효능감'을 키우려면 내적 유인체계가 무엇보다 효율적이다.

동기 부여는 개인의 자발적 행동의 방향과 강도, 지속성에 영향을 미치는 내부적 힘이다.

그것은 학습자에게 동기가 생기도록 유발하고, 목표를 향해 나아가는 자발적 행동이 지속적으로 일어나도록 하는 심리 과정이다.

내적 동기 여부는 자신이 맡은 일에 내재된 즐거움이나 보람을 이루기 위하여 학습하려는 내면 욕구이다. 그 과정을 수행하는 행위로 인한 즐거움 등을 통해 학습에 몰입하게 되는 경우이다.

3) 학습자에게 끊임없이 격려하고 관심을 보여라

칭찬은 고래를 춤추게 하지만, 격려는 "사람을 춤추게 한다"는 말은 매우 뜻깊다.

그것은 학습지도자는 항상 학습자에게 진심 어린 격려를 보내고 마음을 주는 사람이어야 함을 말한다.

그래서 학습자를 춤추게 하거나 자신감을 갖게 하는 것이 학습지도자로서의 뛰어난 자질이다.

4) 학습자에게 맞는 성공 패턴을 보여라

대부분 사람들의 잠재력의 바구니는 꽉 차 있는 반면, 경험의 내용은 텅 빈 상태에서 학습을 시작한다.

이 말의 핵심은 잠재력의 바구니가 이것저것 가치 없는 것으로 채워지기 전에 가치 있는 경험으로 채워져야 한다는 뜻이다.

반복적인 성공의 경험은 자신감뿐 아니라 개인 삶의 행복과도 직결된다는 말이다.

학습자에게 성공을 경험하게 하는 것은 잠재력의 바구니에서 경력의 바구니로 옮겨 담는 과정이라고 할 수 있다.

그렇다면 실행력의 차이는 어디에 있을까?

학습지도자는 학습자의 잠재력을 끄집어내어 경험의 바구니에 담는 작업이 이루어지도록 학습자에 대한 지속적인 내적 동기 부여와 실행에 대한 격려, 지지, 지원 등이 절대적으로 필요하다.

학습자의 경우 학습 과정에서 주어지는 평가 결과에 대한 피드백이 비교적 장기간에 걸쳐 누적되는 과정에서 학업 능력과 학습 활동에 대한 자아 개념이 형성된다.

그 과정에서 그들은 차츰 자기 자신에 대해 긍정적이거나 아니면 부정적인 태도로 나누어진다.

학습 활동에서 성공 경험을 하는 학생들은 일반적으로 긍정적인 정서를, 실패 경험을 하는 학생은 부정적인 정서를 갖게 된다.

이렇듯 학업에서의 성공 경험과 실패 경험은 학생들의 지적·정서적 특성에 절대적 영향을 미친다.

5) 학습자에게 성공 경험을 맛보게 하는 것이 중요하다

학습자의 '자기 효능감'을 키우는 데 있어 학습자에게 성공 경험은 개인 효능감에 대한 강한 신념을 형성하고, 반대로

자신감-인생을 성공으로 이끄는 열쇠

실패는 개인 효능감을 약화시킨다.

탄력성 있는 효능감을 지니려면 지속적인 노력을 통하여 장애를 극복한 경험이 있어야 한다.

또한 자신이 성공하기 위해 필요한 능력을 가지고 있다고 확신하면 효능감의 탄력성은 증가하게 된다.

자아 개념이 높은 사람은 성공을 자신의 능력에서 찾고, 실패는 자신의 능력 부족에서 찾으려는 경향이 강하다. 그리고 자신의 노력에 의해 어떤 일을 성취했다고 여기면 성공에 대해 커다란 자부심을 갖게 된다.

기대 수준이란 어떤 일에 대해서 개인이 예상하는 장래의 성취 수준이다. 그래서 작은 성공이라도 성공 요인을 자신의 능력에서 찾아가는 훈련이 무엇보다 중요하다.

학생들에게 있어서 성공적인 학습전략 적응훈련이 자기 효능감을 높일 수 있는 것과 같은 맥락이다. 즉 학습자에게 성공적으로 적응하기 위한 훈련은, 그들에게 학습 결과의 능력에 대한 확신을 촉진시키고 자기 효능감을 향상시킨다.

다시 말해 학습을 돕는 교사의 능력에 대한 자신의 판단과 믿음이 학생의 '자기 효능감'에 영향을 준다는 의미이다.

어떤 일을 할 때 그 일에 대한 성공의 확신이 있을 때 더욱 노력하게 되고, 그 결과로 성공률도 높아진다.

무엇보다 성공의 반복 경험으로 '자기 효능감'이 높아지면 스스로 목표를 설정하고 도전하는 자율성이 형성된다.

어떤 일을 할 때 '자신감'이 없으면 스스로 도전하는 데 두려움이 앞선다. 그것은 바로 실패에 대한 두려움이다.

학습지도자의 성공 경험의 1차적인 목표는 학습자에게 자신감을 갖게 해 주는 일이다.

그것은 다른 어떤 외부 요인에 따라서가 아니라 순수하게 자신의 능력으로 성공했다는 확신을 심어 주기 위한 것이며, 성공의 반복 경험에 의한 확신은 더욱 강하고 공고하게 구축된다.

학습지도자는 학습자가 항상 성공만 할 수는 없다는 것을 알아야 한다. 학습을 하다 보면 성공과 실패의 반복을 경험하게 되는데, 무엇보다 실패했을 때 의연하게 받아들이는 자세를 갖도록 보살펴 주어야 한다.

그것이 곧 실패의 원인이 자신의 역량 부족 때문이 아니라고 여기는 낙관적인 사고를 갖게 하는 것이다.

세종대왕은 "학문을 아는 자는 이를 좋아하는 사람만 못하고, 학문을 좋아하는 자는 이를 즐기는 자만 못하다"라는 공자의 가르침을 통해 진정한 학문을 즐기는 깨달음을 얻었다고 한다.

학생들에게 교사의 칭찬이나 격려의 보상은 학생의 효능감에 절대적인 영향을 미친다.

그것은 보상이 학습의 진보와 학습 성공을 나타내는 표시이기 때문이다.

학습자의 학습 결과가 성공했을 때 칭찬과 격려는 기본이고 기록도 남겨 두어야 한다.

일의 결과에 대한 보상을 하는 것은 성취감을 더욱 크게 느끼도록 동기를 부여하는 것으로 새로운 일에 대한 도전의 힘을 북돋아 주는 결과를 가져오기 때문이다.

6) 학습자가 학습 결과에 긍정적 감정을 갖게 하라

학습자가 '자기 효능감'을 키우려면 학습 결과에 긍정할 수 있게 해야 한다.

학습 결과에 대해 긍정적인 생각을 하면 실패를 해도 낙담을 덜하게 된다. 수행 결과에 긍정적인 감정을 갖지 않으면 성취했을 때 만족과 기쁨을 느끼지 못한다.

자존감이 높은 사람은 성공 원인을 자신의 능력으로 여겨 더 높은 '자기 효능감'을 얻게 된다.

외부 환경이 불확실한 극도의 경쟁사회에서는 어느 때보다 창의성이 중요하다.

그것은 긍정 심리가 바탕이 되므로 구성원의 상호 협조와 커뮤니케이션에 매우 효과적이다.

긍정 심리에는 '자기 효능감'과 자신감, 희망, 낙관주의, 그리고 회복 등이 있다.

'자기 효능감'은 자신의 능력에 대한 확신에서 오는 긍정성이다. 그러니까 주어진 상황에서 특정 과업을 성공적으로 수행하는 데 필요한 자신의 능력에 대한 확신이다.

희망은 자신이 달성하고자 하는 목표나 의지뿐 아니라, 일의 추진 과정에서 발생할 수 있는 장애물을 극복하기 위한 방안 및 대책에 대한 긍정성이고, 낙관주의는 좋은 일이 일어나리라는 결과에 대한 긍정성이다.

낙관주의는 개인이 지닌 능력과 관계없이 일의 결과에 대한 긍정적이라는 관점에서 '자기 효능감'과는 구별된다.

그런데 일의 결과에 비판적인 사람보다는 긍정적인 사람이 동기 부여를 통해 일을 추진하는 사람이 좋은 결과를 가져올 수 있다.

회복이란 일을 하면서 겪는 역정, 갈등, 실패, 위험 등에서 충분히 빠져나올 수 있고 뜻을 이룰 수 있다는 긍정적인 힘이다.

그런데 학습지도자는 학습자에게 '할 수 있다'는 긍정적인 분위기를 조성해야 한다.

학습 지도가 효능감이 높으면 한 사람 한 사람을 끌어올려 집단의 효능감을 향상시킬 수 있다.

그런데 학습지도자는 학습자에 대한 신뢰도가 매우 중요하다.

학습지도자가 학습자를 가르치는 데 자신감이 없고 의지나 신념이 약하면 학습자는 중심을 잃는다.

학습 지도는 무엇보다 학습자의 노력으로 결과를 얻도록 해야 하고, 그 결과를 전적으로 그들의 공으로 돌리는 혜량이 절대적으로 필요하다.

7) 학습자가 '탄력적 효능감'으로 주도적으로 활동하게 하라

'탄력적 효능감'이란 학습자들이 어려운 일에 직면했을 때도 자신의 긍정적인 심리 자원을 활용해 최대한 능력을 발휘하고 '자기 효능감'을 조절할 수 있는 능력을 말한다.

탄력적인 효능감을 갖고 있는 사람의 주된 특징은 긍정적이고 주도적인 면이 강하다.

요즈음 교육계의 큰 화두는 '자기주도학습'과 '자기결정능력'이다.

그 동안 교육계는 자기결정능력을 키우는 일에 등한히 한 것이 사실이다. 그 결과가 많은 학습자가 결정장애자가 되었다는 것이다.

'자기결정능력'을 배양하는 것이 교육계의 주요한 과제로 재설정되어야 한다. 그것은 학습자를 자기 삶의 주인공으로 키워야 하기 때문이다.

우리는 무엇보다 어떤 과업을 스스로 판단하고 결정한 다음 그것에 도전해서 결과를 만들어 내야 한다.

그러나 혹시 실패하더라도 그 원인을 찾아 스스로 책임지고 다시 일어나는 '탄력 효능감'을 지니는 능력자를 성장시켜야 할 것이 아닌가 한다.

자신감-인생을 성공으로 이끄는 열쇠

제3장

자신감을 높이는
교과 교수학습

1. 자신감을 높이는 국어 교수학습 과정

국어 학습의 목표는 물론 이를 통해 자신감을 높이기 위함인데, '물구나무서기' 운동의 원리를 적용하여 다음과 같은 단계를 설정하였다.

1) 도입 단계 : 원리 인지

이 단계는 흥미 유발 및 학습 목표 확인을 통해 학습자를 활동에 몰입시키는 것이다.

이때 중요한 것은 학습자의 흥미를 유발시킨 후 단원 학습 목표를 인지하고, 그 목표를 달성하기 위해 학습자가 몰입하도록 유도하는 일이다.

2) 전개 단계 : 원리를 터득하는 반복 훈련 과정

이 단계는 산문은 물론 시 같은 운문을 정독하고 나서 주제를 파악하는 중심 활동이다. 또한 파악한 주제나 내용을 발표하는 것은 물론, 동료의 발표를 듣고 이해력을 높이는 활동을 한다.

아울러 이런 과정을 통한 능동적인 태도의 신장, 정서 함양, 가치관 고양, 건전한 인간성 함양 등을 반복해서 훈련한다.

3) 정착 단계 : 몸에 배게 하는 자동화(전문화) 과정

이 단계는 주제 및 꼭 기억해야 할 점을 재확인하고 상식화하는 요약 정리 과정이다.

2. 문장 구조 원리

국어 학습지도의 기본 내용은 언어와 문장의 지도인데, 교과서는 문장으로 기술되어 있으므로 문장 지도가 더욱 기본이다.

문장의 종류는 크게 어떤 사안을 이해하기 쉽게 설명하는 설명문과 주장을 펴는 논설문으로 대별되는데, 이들 문장의 기본 틀은 대체로 서론-본론-결론으로 구성된다.

서론에서는 말하고자 하는 사안이나 사실, 목적, 동기, 이유 등의 내용이고, 본론에서는 말하고자 하는 내용이나 주장하는 주제의 근거 이유 등을 밝히는 내용이다. 결론에서는 요약 정리 및 결론 내용이다.

그러나 두 문단이나 혹은 더 이상의 문단으로 구성되기도 하는데, 그 중에도 기본이나 중심이 되는 문장을 파악하는 것이 중요하다.

이때 그 문장들 가운데 핵심 어휘(Key word)나 중요 어휘를 선정하는 것이 일차적이다.

그다음은 그들을 연결해서 기본적인 내용을 기술하는 원리를 이해시켜야 한다.

결론에서는 주장이나 설명하는 내용을 요약 정리하는 마무리 문장이다. 아울러 앞으로의 과제나 예상, 희망 등에 대한 내용의 문장을 이해시킨다

자신감-인생을 성공으로 이끄는 열쇠

3. 자신감을 높여 주는 국어 교수학습의 실제

1) 집단교수학습의 순서 및 내용

학습지도자는 계획된 어느 한 단원의 제목과 관련시켜 내용을 파악하도록 정독을 하게 한다.

첫 번째 단계는 재미있는 내용이나 특이한 문장 표현 등에 대한 질문으로 유도하는 것이다.

이 질문은 중심 내용이나 주제, 의견 등을 파악하는 준비 과정이면서 흥미 유발 및 자신감을 높이기 위한 도입 과정이기도 하다.

이것이 중요한 이유는, 이때 질문은 학생의 수준과 상관없이 다양한 답이 나올 수 있으므로 누구나 응답할 수 있는 과제이다.

그러니까 이 질문은 학생의 능력과 관계없이 응답할 수 있으므로 누구나 응답할 수 있고, 응답한 학생은 칭찬을 받을 수 있는 기회이다. 이 과제는 학습자의 자신감을 높이기 위한 자연스러운 기회이기도 하다.

이 질문에 대부분 일치된 답이 나올 수도 있고, 일부 학생에게서 다른 답이 나올 수도 있다.

그것은 나름대로 특성을 인정할 수도 있다. 이때 학습지도자가 아낌없는 찬사를 보낼 수 있는 좋은 기회이기도 하다.

왜냐하면 모든 학생은 학습지도자의 질문에 부담을 느끼고 긴장이 되기 때문이다.

그러므로 정답에 대한 교사의 칭찬은 학생의 자신감 획득에 더없이 좋은 기회이기도 하다.

학생 입장에서는 이런 기회가 자주 반복되면 자신감이 쌓이고 쌓여 두터워지게 된다.

그것은 무엇보다 인생길을 가로막는 다양한 난관을 제거하거나 새로운 문제를 개척하는 일에 도전할 수 있는 원동력인 자신감을 강화하는 길이기도 하다.

두 번째 단계는 대강의 줄거리 및 주제를 파악하는 과제를 주는 것이다.

이때 적정한 시간을 주는 것이 중요하다. 학습지도자는 적어도 3분의 2 정도의 학생이 다 읽었다고 판단될 때 거수를 하게 한다.

학습지도자는 학습자에게 몇 페이지나 되는 문장을 읽고

자신감-인생을 성공으로 이끄는 열쇠

줄거리를 파악한다는 것이 결코 쉬운 일이 아니므로 정답을 기대하기보다는 관심을 집중시키는 일에 중점을 두어야 한다.

그 이유는 학습자 입장에서 정답 발표가 극히 어려운 일이므로 준비 과정으로 우선 관심을 집중시키기 위한 도입을 위한 의례적인 질문을 하는 것이다.

이때 대부분의 학생은 대답하기에 앞서 주변 친구들의 동태를 살피게 된다.

이러한 학습자들의 입장을 잘 이해하는 지도자는 문장이 너무 길어서 주제나 줄거리를 파악하기 어렵지 않느냐는 반문으로 동의를 구하는 것이 지도 역량이다.

이때 대부분의 학생은 지도자의 세심한 배려에 감동하고 기다렸다는 듯이 그렇다고 동의를 한다.

그러면 학습지도자는 몇 단락으로 나누는 것이 내용을 파악하는 데 도움이 되겠느냐는 질문으로 과제를 주어 다시 읽게 한다.

이때 시간을 충분히 주는 것이 중요하다.

과제를 푼 사람이 3분의 2 이상으로 파악되면 발표할 사람에게 손을 들게 하여 그 중 한 사람을 지명한다.

이때 세 문단이나 네다섯 문단으로 나눈 답이 나온다.

여기서 학습지도자는 학생이 그렇게 나눈 근거를 묻는 것이 중요하다.

그 답은 타당할 수도 있지만 틀릴 수도 있다.

학습지도자는 타당한 답이 나오면 그것을 흔쾌히 인정하고 아낌없는 찬사로 사기를 북돋아 줄 좋은 기회이다.

그러나 정답이 아니더라도 아주 틀리지 않고 비슷하거나 그런대로 논리가 서면 약간 보완하여 옳은 답이 나오도록 단계적 질문으로 정답을 유도하는 것이 학습자의 의욕을 꺾지 않는 지도 역량이다.

이때 무엇보다 칭찬이나 격려를 하는 것이 학습자의 사기를 북돋아 주는 것이고 자신감이 생성된다는 점에서 학습지도자의 교육 역량이라 할 수 있다.

예를 들어 넷이나 다섯 문단으로 나누어야 하는 문장을 크게 세 문단으로 나누어도 큰 잘못은 아니기 때문이다.

문장은 그 성격이나 작가에 따라 각기 다른 여러 단락으로 구성될 수도 있다.

학습지도자는 미흡해도 일단 긍정을 하고, 그보다 더 좋은 답이 있음을 암시해 실마리를 찾게 하여 최선의 답이 도출되도록 유도하는 것이 교육 기량이다.

그 중요한 이유는 학생의 사기를 꺾지 않기 위해서이기도

자신감-인생을 성공으로 이끄는 열쇠

하지만, 문단 구분은 문장 이해를 위한 하나의 수단이지 결코 목적이 아니므로 절대적이지 않기 때문이다.

앞에서도 밝혔지만, 문장을 다섯 문단으로 구분하는 것이 이해에 적합하겠지만 세 문단으로 구분하여도 잘못된 것은 아니다. 즉 문장의 기본 구조는 대부분 서론-본론-결론 세 문단의 틀에서 크게 벗어나지 않는다. 다만 그 중 본론 문장만은 그러한 주장의 이유나 근거, 설명의 대상에 따라 세분될 수도 있다.

첫째 문단은 서론적인 문장으로 곧 주장이나 설명에 접근하는 길잡이이고 예언적인 내용이고,

둘째 문단은 본론적이고 중심적인 주장이나 의견, 사실에 대한 이유나 근거 내지 제시하는 대상의 특징 등을 설명하는 내용이며,

셋째 문단은 본문에서의 주장이나 의견 내용 등을 요약 정리 내지 앞으로의 진전이나 전망에 대한 마무리이다.

세 번째 단계는 본질적인 내용을 이해하는 것으로 본문 줄거리나 요지, 주제 혹은 주장이나 의견, 사상 등의 핵심을

파악하도록 이끄는 단계이다.

질문은 단원 학습의 중심 활동으로 학습자의 능력에 따라 다양한 응답이 나올 수 있다.

그러므로 학습지도자는 이런 요인을 최대한 고려하여 단계적인 질문으로 정답을 유도해야 한다.

그것은 학습지도자의 역량인데, 전문성과 직결되는 것으로 이 방면에 대한 전문적인 연구에 최선을 다해야 한다.

한 단원을 읽힐 때는 무엇보다 뚜렷한 목표를 제시하는 과제를 주는 것이 기본 과업이다.

이때 학습지도자는 충분한 시간을 주어야 한다.

이러한 핵심 과제를 준 후 학생 4분의 3가량(집단학습이므로)의 활동이 끝났다고 보일 때 발표할 사람은 손을 들게 한다.

그러나 몇몇 학생만 손을 들면 그에 의해 주도되는 학습은 원활하지 않은 활동이므로 지양되어야 한다.

이 집단 학습 활동에서 언제나 소극적인 학생은 있게 마련인데, 이런 편협적인 교수·학습 활동은 바람직하지 않다. 그들은 특별지도 대상으로 전문성이 요구되는데, 다음의 과제가 있다.

교사의 지도 역량 중 하나가 문장의 어느 부분 또는 어느 문장을 살펴보라는 식으로 귀띔해 주는 것이 중요하다.

대부분의 학생들이 여러 친구 앞에서 발표할 때 틀릴까 봐 걱정하는 경우가 많다.

이때 '이 부분인가? 이 문장이 아닌가?' 하던 학생이나 전혀 짐작하지 못하던 학생도 암시를 받게 된다.

이렇게 유도하여 학습자에게 답을 모색하는 시간을 준 후 다시 질문을 하면 학습지도자의 암시로 실마리가 풀려 더 많은 학생들이 정답을 말하게 된다.

학습자는 이런 특수한 학습지도법 분위기에 젖어 응답 회수가 많아지면 '자신감'이 점점 강화되고 더욱 공고해진다.

이런 기회가 늘어나면 적극적인 학습 활동을 하는 학생이 많이 늘어나게 된다. 아울러 이런 분위기도 더욱 신장 강화된다. 시간이 지남에 따라 더 많은 학생이 참여하여 더욱 적극적이고 활발한 학습 활동을 하게 된다.

다시 강조하고 싶은 것은, 교수학습 활동을 할 때 지도자의 질문에 오답을 하거나 비슷한 답 또는 정답을 하는 학생이 있다.

이때 학습지도자가 지켜야 할 것은 오답을 하는 학생에 대한 특별한 배려이다.

그것은 직설적으로 틀렸다고 무안하게 하지 않는 일이다.

'그럴까?' 동의는 하지 않되 기회를 다시 주는 것이 지도 역량이다.

그러면 학생이 알아차리고 답을 수정 보완해서 정답을 말하게 되는데, 이것이 학습지도자가 추구해야 할 교육의 전문성이다.

그러니까 이러한 세심한 전문적 지도로 되도록 많은 학생이 정답을 말할 수 있도록 유도하는 것이 교사의 지도 역량이고 학습지도자의 도리이며, 그것은 학습자의 자신감을 높이는 대도이기도 하다.

필자는 이러한 자신감 높이기 학습지도 원리인 학습자 간의 듣고, 말하고, 읽고, 쓰기 등의 활동을 통하여 이해력과 발표력 등의 국어 학습력을 크게 신장시켰다. 아울러 유사 과목인 영어를 비롯해 이해 과목인 사회, 과학뿐 아니라 전 교과의 학습 능력도 확대 신장되었다.

이러한 교수학습 과정은 먼저 듣기를 통한 교사의 과제 전달 내용의 요점을 파악하고, 읽기를 통한 내용 파악, 즉 동료들과의 다른 의견 교환 및 비교에 의한 차이점 조정, 자기 의견 발표 등의 과정을 통한 말하기 능력의 신장, 아울러

자신감-인생을 성공으로 이끄는 열쇠

파악된 내용에 대한 동료들과의 의견 교환 및 비교에 의한 차이점 조정, 바람직한 정서 함양, 가치관의 고양, 미래에 대한 통찰력 신장… 등의 고양, 무엇보다 이러한 학습 지도 과정을 통해 인생의 원동력인 '자신감 높이기'를 꾀한다.

2) 재미있는 능동적인 교수학습 원리

필자는 첫 교단에 서면서부터 인생의 원동력인 자신감을 높이기 위한 목표 달성을 위해 두 가지 목표를 세웠다.

첫째, 재미있는 수업
둘째, 주체적인 학습

과거 국어 학습의 큰 폐단은 첫째, 학습지도자 중심으로 학습하여 학습자는 흥미 없는 학습을 하는 일이 잦았고, 둘째, 학습지도자 중심으로 학습 활동이 이루어져 학습자는 수동적으로 따라오는 주객이 전도된 활동이었다.

필자는 이런 폐단을 지양하기 위해서 무엇보다 학습자가 주체가 되는 능동적인 학습 지도와 흥미 있는 학습 활동에 대해 특별히 관심을 두고 그 방법에 대해 연구하며 그것을 실행하는 데 역점을 두었다.

이런 개혁적인 지도 방법을 통해서 국어 학습 지도의 기본 목표인 이해 및 표현력 신장, 정서 함양 및 가치관 정립 등을 효율적으로 신장시키고, 아울러 무엇보다 '자신감 높이기'라는 근원적인 원대한 목표에 역점을 두었다. 그러한 목표 달성을 위해 국어과 학습 목표를 다음과 같이 설정했다.

① 단기(매시)간 학습 목표

1차 단기 목표
    이해력 및 발표력 신장
    정서 함양   } 학습지도자의 자질 함양
    가치관 정립

2차 장기 목표
    흥미 유발
    능동적(적극적) 태도 신장   } 자신감 성취
    다양한 의견 조정 능력 신장

특별한 장기 목표인 '자신감 성취'를 위한 효율적인 국어 수업의 원리와 과정으로 다음과 같은 단계를 적용했다.

인지 : 원리 인지
정착 : 원리에 입각한 정착을 위한 반복 훈련 과정
자동화 : 최종적으로 몸에 배게 하는 자동화(전문화) 단계

그리하여 앞에서 밝힌 바와 같이

첫째, '국어시간'은 '재미있는 시간'이라는 인식을 심어 주는 것을 제1단계 목표로 삼았다.

그 대표적인 예를 들면 재미있는 수업을 위해서 다음과 같은 시를 교재로 삼았다.

금잔디

김 소 월

잔디
잔디
금잔디
심심 산천에 붙는 불은
가신 임 무덤 가에 금잔디

봄이 왔네, 봄빛이 왔네
버드나무 끝에도 실가지에
봄빛이 왔네, 봄날이 왔네
심신 산천에도 금잔디에

가는 길

김 소 월

그립다
말을 할까
하니 그리워

그냥 갈까
그래도
다시 더 한 번

저 산에도 까마귀, 들에 까마귀
서산에는 해진다고
지저귑니다

자신감-인생을 성공으로 이끄는 열쇠

앞 강물, 뒷 강물

흐르는 물은

어서 따라오라고 따라가자고

흘러도 연달아 흐릅디다려

이 두 시의 특징은 내용이 물 흐르듯 리듬이 흐른다. 학생들에게 읽으라고 하면 저절로 리듬이 생성되어 낭독이 된다. 그 리듬을 따라 몇 번 읽으면 저절로 외워진다. 여기에 흥미를 느끼지 않는 학생은 거의 없었다.

학생들은 재미있어하며 몇 번이고 반복해서 읽고, 그에 몰두하여 대부분의 학생이 빠져들었다.

그리하여 국어 시간은 재미있는 시간이라는 이미지를 심어 주었다.

그 결과 학생들은 학습에 흥미를 느낄 뿐 아니라 시에 대해서도 흥미를 느끼게 되었고, 그 후 내가 교실에 들어가면 일제히 환호성까지 지르며 반길 정도였다.

② 읽기 교수학습 내용

2차적으로는 내용의 이해 및 발표이다.

첫째, 이해력을 높이기 위한 단기 목표인 교과서 문장에 담겨 있는 의견이나 주제, 사상, 상징, 의제 등을 파악하는 활동이고,

둘째, 파악한 내용을 발표하고 다른 사람이 발표하는 내용을 이해하는 말하기, 듣기 능력의 신장을 체험하는 활동이다.

3차적으로는 능동적인 태도 신장이다.

자주적이고 능동적(적극적)인 태도를 신장시키는 것이 주목표이다.

필자는 1차 목표인 과업을 달성하기 위한 학습지도 활동으로 그 단원(문장)에 담겨 있는 주제나 의도, 사상, 내용, 정서 등이 무엇인가에 대해 질문을 던져 정독을 하도록 유도하였다. 그러니까 학생들에게 정독 시간을 주되 분명한 목적을 제시하여 답을 유도하는 것이다.

지난날 국어 수업의 가장 큰 문제는 교사가 문장을 읽고 그 내용을 더 쉽게 설명하는 식의 학습 지도 활동이 일반적이었으므로 이를 지양, 개선하기 위해서였다.

그리하여 필자는 무엇보다 중요한 실천으로 학습지도자인 교사는 물론 친구의 설명이나 발표를 듣는 시간과 학습자의 필기 시간을 별도로 주고 이를 엄격히 지키도록 하였다.

자신감-인생을 성공으로 이끄는 열쇠

과거의 국어 학습지도는 외국어 문장의 번역과 달리 다 아는 문장을 더 쉽게 알아들을 수 있게 설명하는 것이 전형적이었는데, 다 아는 것 같아서 학습자들은 국어 교과에 대한 흥미까지 잃게 된다.

그뿐 아니라 학습자는 수동적으로 되어 학습의 주객이 전도되는 폐단이 너무 컸다. 과거의 이런 국어 수업의 결정적인 단점이 학습의 조력자이며 안내자인 교사가 주체가 되고 오히려 학습 주체인 학습자가 피동적이 되는 주객이 전도되는 문제점이 너무 컸다.

뿐만 아니라 국어 학습의 이해력 및 표현력 신장 추구라는 기본 목표뿐 아니라 능동적이고 적극적인 태도 신장의 기회도 잃어 버렸다.

이렇게 주객이 전도된 학습 활동은 소기의 목표 달성에 절대적인 장애가 될 뿐 아니라, 무엇보다 흥미까지 잃게 되는 과오를 범하였다.

③ 주제 파악을 위한 문단 나누기 활동

나는 이런 문제점을 지양하기 위해 수업시간에 지망자를 유도하여 낭독을 하게 한 후 전 학생에게 정독 시간을 충분히 주었다.

그 후 모든 학생에게 내용이나 주제 파악(사상이나 의견 또는 견해) 등의 과제를 발문하고, 이 과정 전의 준비 과정으로 문단 나누기 과제를 내주었다.

그리고 학생들이 읽고 있는 과정을 잘 살펴 그들이 충분히 읽었다고 판단되면 발표를 하게 했다.

이때 쉬운 것부터 단계적으로 질문을 유도하여 응답하는 주장의 근거가 타당하면 그것을 구체적으로 설명하며 아낌없이 칭찬을 했다.

그러나 유감스럽게도 그것이 정답이 아니면 더 좋은 의견이 있다는 것을 암시하여 단계적으로 정답을 유도하였다.

이때 특별히 주의할 것은 첫 번의 응답을 받아들이지 못할 때 의욕을 잃지 않고 또 무안하지 않도록 너무 단호하게 부정하지 않는 일이다.

이런 경우 관점에 따라 그럴 수도 있으나 더 좋은 답도 있을 수 있다는 것을 암시하여 옳은 답을 유도해 낸다.

그리하여 몇 가지 다른 의견이 나오면 학습자들이 서로 의견을 교환하며 토의하게 하여 공감대를 찾도록 유도하는 것이 학습지도자의 역량이다.

이때 학습지도자는 이견을 조정하는 역할을 유연하게 해

야만 한다.

이런 다양한 답을 논의의 대상으로 삼되, 객관적이고 타당하면 이견도 흔쾌히 인정하는 것이다.

이와 같은 과정을 통해 국어 학습의 기본 목표인 발표력과 이해력 신장은 물론 무엇보다 주체적이고 능동적인 학습 태도가 신장된다.

그런데 이때 필자가 혁신적인 교수학습 활동으로 시행한 것은 읽는 시간과 필기 시간을 따로 주는 것을 절대적 원칙으로 이행했다는 점이다.

과거의 문제점은 "학생들 대부분이 교사의 판서를 따라 적는 데 집중하여 본질적인 활동인 설명을 못 듣는 점"이었다.

이때 우리가 특별히 추구하는 '자신감'이 생성되어야 하는데, 이런 기회가 반복되면 문제점이 눈사람같이 쌓여 어떤 인생 문제에도 도전할 수 있는 공고한 자신감 높이기의 기회를 잃는다는 것이다.

그런데 선생님의 설명을 듣고 필기하는 시간을 따로 줌으로써 자신감 높이기의 기회를 따로 주었다. 처음에는 거부 반응이 컸으나 시간이 흐르자 그 특별한 취지를 이해하고 적극적으로 호응하였다.

이런 과정을 통하여 학습자는 자기 능력의 평가를 새롭게 하게 되고, 그것은 '자신감'으로 확대 생성되었다.

이때 무엇보다 중요한 내용 파악의 중심 활동은 주제 및 요점 파악이다.

그것은 앞에서 구분된 문단의 요점 및 요지를 체계 있는 문장으로 요약하는 활동이다.

과거에 크게 잘못된 학습 지도의 문제점은 선생님이 문장을 읽으며 쉽게 설명하는 것이고, 또 하나는 학습자는 피동적으로 듣기만 하는 주객이 바뀐 학습 활동이었다.

그런데 필자가 실행한 학습 지도 기법은 효율적인 수업을 위해 '읽는 시간'과 '필기 시간'을 따로 주는 것을 절대적 원칙으로 이행했다는 점이다.

그때 첫 반응은 처음에는 지난날의 국어 수업과는 너무 달라 학생들이 의아해하고 거부감까지 가졌었다.

그러나 시간이 지남에 따라 학생들은 필자의 설명을 귀 기울여 듣게 되었고, 필기도 편하게 할 수 있다는 장점을 이해하고 잘 따라주었다.

그 결과 국어시간은 재미있는 시간이 되었을 뿐 아니라 기다려지는 시간이라는 반응을 보였다.

4. 교수학습 결과에 대한 학생들의 반응

필자는 이런 식의 특별한 국어 학습 지도법이 효과적이었고, 어느 점을 개선해야 하는가의 문제점을 파악하기 위해 근무했던 네 고등학교에서 마지막 수업시간에 자유롭게 소감을 기술하도록 했다.

그 동안 수업시간에 느낀 것을 무엇이든지 자유롭게 쓸 수 있게 학생들만의 시간을 주고, 이름도 쓰지 않는 것을 원칙으로 하였다.

필자는 2000년 초기부터 대학에서 시행된 평가시간을 수십 년 전 고등학교에서 자의적으로 시행한 것이다.

여기서 필자가 고희 되던 해(2002)까지 보관했던(『송암의 철학과 멋』, 수필춘추사, 2002) 내용들을 소개해 보겠다.

＊ 재미있고 즐거웠던 국어시간

다른 교과 시간보다 더 재미있고 즐거운 시간이었습니다. 어딘지 모르게 선생님의 말솜씨, 유머 등은 모든 잡념을 버리고 교과 공부에만 마음을 쏠리게 하는 것이어서 재미

있는 국어시간이었습니다.

그 우렁찬 목소리는 우리의 시선을 끌게 했고, 조용한 분위기를 만들어 교과서에만 마음을 쏠리게 할 때, 다른 선생님보다도 더 우리에게 열심히 심혈을 기울이시는 데 대해 더욱 훌륭한 선생님이라고 느꼈습니다.

그렇지만 한 가지 학생들에게 손을 대지 않는 것을 말하고 싶습니다. 선생님은 큰 소리만 하시고 때리지는 않으셨지요. 앞으로 훌륭하신 선생님의 지도를 받지 못하게 되어 섭섭하기만 합니다.

1967. 12. 6.

(안성농전 학생)

* 쓸 때와 들을 때를 구분하는 국어 수업

참으로 일 년이란 시간은 빨리 지나갔다.

처음에는 국어 선생님 인상이 무섭고 무뚝뚝한 선생님이라고 생각했다.

차츰 선생님이 가르치시는 국어 수업을 나는 참 재미있게 들었다.

공부도 열심히 했다. 수업시간에 선생님 말씀에 귀를 기울

자신감-인생을 성공으로 이끄는 열쇠

이면 한 시간이 그렇게 빨리 지나가 버리곤 했다.

국어 시험 점수는 좋지 않았다. 열심히 한다고 했지만….

이제 한 번 남은 학기말 고사를 잘 봤으면 싶다.

어쩌면 이게 국어 시간의 총결산이라 좀 더 좋은 열매를 맺고 싶은 것이다. 며칠 안 남은 시험, 나의 과제가 되었다.

국어시간에 다른 것을 못하게 하시고, "쓸 때는 쓰고, 들을 때는 들어라" 하는 선생님의 말씀을 우리 반 아이들은 그래도 잘 실천에 옮긴 것 같다.

그래서 우리가 선생님을 무서워하는 이유가 공부시간에 떠들지 못하도록 억제하신 데 있는 것 같다. 그러나 나는 그러한 수업 속에서 일 년을 보낸 것이 참 좋았다.

1969. 12. 7.

(이대부고 1학년 KYM)

* 자신감을 심어 주신 국어 선생님

선생님께서 새로 오셔서 지난번 선생님과는 달리 문단 구분이라든지 그 문단의 줄거리를 학생들에게 시켜서 발표할 수 있는 기회를 준 것이 참 좋았습니다.

처음에는 여러 사람 앞에서 의견을 발표한다는 것이 얼굴이 붉어지고 몹시 떨렸는데, 여러 번 이런 일을 되풀이함으로써 어색하지 않고 자신을 갖게 되었습니다.

선생님께서는 학생들이 발표한 내용이 틀렸어도 이를 꾸중하지 않으시고 다시 대답할 기회를 준다든지, 다른 방법으로 발표한 학생에게 창피를 주지 않고 다음에 발표할 기회를 만들어 주신 점이 너무 좋았습니다.

그리고 여름철에 학생들이 졸면 짤막한 유머로 잠을 달아나게 해 주셨고, 좋은 분위기 속에서 수업시간을 이끌어 주신 것을 뜻 깊게 생각합니다.

시험 문제 출제 방식도 제 마음에 듭니다. 한 가지 부탁드리고 싶은 것은 학생들에게 숙제를 좀 내시면 어떨까 합니다.

(평택종합고등학교 3학년)

* 틀려도 사기를 올려준 선생님

마지막 서운한 마음을 금하며 몇 자 적습니다.

선생님의 훌륭한 가르침으로 우리 학생들은 즐겁게 수업을 받았습니다.

첫째는 유머러스한 시간이었습니다.

자신감-인생을 성공으로 이끄는 열쇠

선생님의 말씀이 허풍인지 알면서도 왜 그리 우스웠는지 모르겠습니다.

둘째는 누가 잘못이 있어도 무마해 주시는 마음씨에 놀랐습니다.

단락을 나누는데 딴 선생님 같으면 "그것이 아니야" 하실 텐데, "그것도 될 수 있지, 그렇지만 그것 말고 더 좋은 것이 없을까?" 하는 인자하신 말씀이 저의 마음을 감동시켰습니다.

학년 초에 교과서 조사를 하시는데 짜증스러웠지만, 그것이 옳다는 것을 알았습니다.

선생님에 대한 기대가 한 가지 어긋난 것이 있습니다.

2학년 초에 한문 강의를 재미있게 해 주셨는데, 그 후에 한문 강의를 듣지 못해 아쉽습니다. 그런 강의는 앞으로 듣지 못할 것 같아 더욱 아쉽습니다.

1966. 12. 12

(안성농고)

* 독해력을 중심으로 한 국어시간

재미있고 분위기를 바꾸는 데 성공한 수업이었습니다.

특히 선생님의 유머와 훌륭한 말씀들이 좋았습니다.

독해력을 중심으로 공부한 것은 그때는 정말 싫었는데 이제는 어떤 책이든 조금씩 읽으면 문단 나누기 등의 문단 구분을 합니다.

저에게 좋은 발전이라고 생각합니다.

선생님의 꼿꼿한 성격은 학생들을 묵묵히 따르게 합니다.

고3 때도 선생님이 국어시간을 맡으신다면 좋겠습니다.

선생님의 꼿꼿한 성격 아래 공부하고 싶습니다.

1969. 12. 7.

필자는 학생들의 반응에서 다음과 같은 사실을 확인할 수 있었다.

첫째, 재미있고 즐거웠다.

둘째, 틀려도 사기를 올려주었다.

셋째, 독해력을 중심으로 한 국어 수업이었다.

넷째, 쓸 때와 들을 때를 구분하는 수업이었다.

다섯째, 자신감을 심어 준 국어 수업이었다.

나는 무엇보다 '자신감'을 심어 주기 위한 학습 지도 활동을 편 결과 무척 재미있었고 사기를 올려주었다는 평가에 보람을 느꼈다.

특히 자주적인 학습을 위해서 독해력 신장을 주 수단으로 삼았고, 지난날 주객이 전도된 학습지도자 중심의 학습 활동을 학습자 중심의 본연의 활동에 역점을 두고 학습 지도 활동을 한 결과가 입증되어 필자는 큰 보람을 느꼈다.

제4장

자신감을 높이는
국어 교수학습 특별지도

1. '자신감 높이기'를 위한 국어 개인학습지도

필자가 고등학교 국어 교사로 근무할 때 국어 교육을 통해서 소기의 목표인 국어 학력 신장은 물론, 그보다 근원적인 차원의 인생의 여러 장애를 제거하고 발전과 도약을 위한 도전의 원동력이기도 한 '자신감 높이기'에 특별히 역점을 두고 지도하여 성공한 대표적인 사례의 하나이다.

서○○ 학생은 대학 입학자격인 예비고사 수험 능력이 부족하여 학부형의 근심이 이만저만 아니었다. 그러니까 이 학생은 동급생들과의 집단 수업에 잘 따라오지 못했다.

그리하여 그 부모들은 이 학생을 특별지도해 줄 교사로 필자를 지목하고, 그의 친척 되는 필자와 가까운 동료 교사를

자신감-인생을 성공으로 이끄는 열쇠

통해 개인지도를 부탁해 왔다.

필자는 석사 과정을 마치고 박사 과정에 진학하려고 과외 지도는 전혀 하지 않았고, 대학에 시간강사로 나가며 시간에 쫓기는 생활을 하고 있었다.

그런데 동료 교사가 가까운 친척이라면서 간곡히 부탁을 해 왔다.

그의 말을 듣고 이 학생을 유심히 살펴보니 그는 수업시간에 능동적으로 참여하지 않고, 그저 수동적으로 따르기만 했다.

그러나 몇 대 1의 경쟁률을 뚫고 입학한 일정 수준의 학생이었다.

이런 청탁을 받은 후 사범대학을 나온 필자는 교육의 이상을 실현한다는 자부심을 가지고 의미 있는 기회로 생각되어 개인지도를 응낙했다.

먼저 필자는 이 학생에게 인생을 살면서 가로놓이는 모든 일의 해결에 대한 도전은 물론, 일의 추진력의 원동력인 '자신감 높이기'에 역점을 두기로 했다.

1대 1의 개별적인 국어 학습을 통해 국어 학습 능력의 신장도 중요하지만 그보다 인생 제반사 해결 및 추진의 원동력인 '자신감 높이기'에 역점을 두고 지도했다.

더욱이 국어는 이해와 표현의 기본 능력을 높이는 도구 교과라는 점에 유의하여 이를 통한 '자신감 높이기' 도구 교과로 어느 교과보다 효율적이라는 점에 착안하여 특별지도를 했다.

개별적인 지도의 장점은 학습자의 능력에 맞게 지도할 수 있다는 점이다.

시행 기본 원리로 학습자에게 재미있고도 능력에 맞는 단원을 선택했다.

첫째 단계는 "어느 부분이 왜 재미있는가?"를 묻는 것으로 학습 지도를 진행했다.

이런 질문의 장점은 아주 틀린 답이 나올 수 없다는 점이다. 설혹 틀린 답이 나와도 몇 번의 질문으로 정답이 나오도록 유도할 수 있다.

이어서 재미있는 이유를 말하도록 하는 것이다.

이 학생은 이런 긍정적 경험이 몇 번 반복됨에 따라 점점 흥미를 갖는 것을 볼 수 있었다.

둘째 단계는 "몇 문단으로 구분할 수 있는가?"라는 질문을 했다.

필자는 문단 구분의 필요성을 스스로 알게 하기 위해서 어느 한 단원을 읽힌 뒤 단도직입적으로 주제나 중심 사상, 의견 등에 대한 내용을 물었다.

이때 꼭 응답을 기대해서가 아니다. 문단 나누기의 필요성을 깨닫게 하기 위한 전 단계 과정으로 유도하는 것이다.

이 질문에 학생은 대답을 못했는데, 필자도 예상한 것이었다. 필자는 문장이 너무 길어서 파악하기 어려우냐고 묻고 동의를 구했다. 그러면 학생은 반가운 표정으로 고개를 끄덕이며 그렇다고 말했다.

그렇다면 문단을 나누어 보는 것이 어떻겠느냐고 유도했다.

그러자 학생은 문단 구분은 하나의 문장을 이해하기 위한 수단임을 알게 되었다.

아울러 문장은 대체로 서론-본론-결론의 3단계로 구성된다는 것을 이해했다.

그러나 이 원리는 어디까지나 기본 형식이고 내용이나 성격에 따라 다를 수 있다는 것도 이해시켰다.

문장 내용이나 성격에 따라 셋이나 더 많거나 더 적은 단락으로 구성될 수 있듯이 다양하다는 것도 이해시켰다.

문단 구분은 절대적이 아니고 접근 수단으로 가변적임을

이해시키는 것이 무엇보다 중요하다.

그러므로 문단 구분에 대한 학습자의 대답이 정답이 아니더라도 구분의 근거가 그런대로 타당하거나 일리가 있으면 단호히 부정하지 않았다.

그것은 학생의 의욕을 꺾지 않는다는 점에서 지도자의 도리이기도 하다.

필자는 일단 학습자가 대답을 했는데 미흡하더라도 아주 부정하지 않고 그런대로 인정했다.

그러나 그보다 더 정확한 답이 있다는 것을 암시하여 최선의 답이 나오도록 유도하였다.

그러니까 학습지도자는 몇 번의 단계적인 질문으로 정답을 유도하는 것이 학습지도 기술이다.

요행히 학습자가 정답을 발표하면 아낌없는 찬사와 격려를 하는 것을 기본 도리로 삼았다.

그 다음 단계는 본질적인 활동인 주제나 요점, 의견, 사상 등의 내용을 파악하는 활동을 유도했다.

그 방법은 문단마다 중심 내용이나 의견, 요점 등을 파악하여 체계 있게 줄거리를 잡아 몇 문장으로 구성했다.

이 활동은 중심 문장이나 핵심 어휘 등을 찾아서 주장이

자신감-인생을 성공으로 이끄는 열쇠

나 설명하는 간결한 문장을 작성하는 것이다.

이때 한 문장 내지 두서너 문장으로 요약하는 것이 주제 문이라고 할 수 있다.

학습지도자인 나는 이런 과정, 곧 지침이 되는 말을 찾아 의견이나 주장을 하는 줄거리 문장을 작성하는 훈련을 시켰다.

이렇게 지도자와 학습자 간의 듣고 말하고 읽고 쓰기 등의 활동을 통하여 이해와 발표력은 물론 자주적이고 능동적인 생활력도 신장되었다. 아울러 이런 성취 과정에서 자신감은 현저히 높아졌다.

7,8개월 동안 이러한 과정을 통해 이 학생의 국어 학습 능력은 물론 유사 과목인 영어뿐만 아니라 이해 교과인 사회나 과학 등 전 교과의 학습 능력도 확대 신장되었다.

그 후 8,9개월 동안의 지도 성과로 예비고사 준비에 자신감을 가지고 자주적인 학습 활동을 하는 모습이 눈에 띄게 향상되었다.

그 결과 마침내 예비고사를 통과하는 놀라운 성과를 거두었으며, 온 가족이 크게 기뻐했던 기억이 지금도 생생하다.

필자는 이렇게 높아진 그 학생의 '자신감'은 대학 생활은 물론 인생 역정에도 절대적인 원동력이 되었다고 본다.

제4장 자신감을 높이는 국어 교수학습 특별지도

그는 대학 졸업 후 지금까지 사업을 잘하고 있고, 안부도 자주 전해 주는 등 인연을 이어가고 있다.

2. 집단교수학습 중의 특별지도

이○○

이 학생은 고등학교에 들어와서 별로 두각을 나타내지 못하고 매우 소극적인 학교 생활을 하고 있었다.

이 학생의 중학교 생활기록부를 보니 학업 성적이 상위권인 기본 실력이 있는 학생으로 판단되었다.

필자가 보기에 잠재적 능력이 있는 듯했으나 내성적인 데다가 자신감의 결여로 학습 활동이 활발하지 못했다.

그리하여 필자가 추구하는 '자신감 높이기' 시범 케이스로 특별지도를 하기로 했다.

이 학생에게는 무엇보다 '자신감'을 높이는 지름길인 적극적이고 능동적인 태도 신장에 역점을 두었다.

국어 시간에 먼저 문단 구분, 주제 파악, 발표 등에 참여하도록 적극 유도하여 성공한 대표적인 사례의 하나이다.

필자는 이 학생이야말로 '자신감'을 키워 주는 것이 학습의 원동력을 키우는 일이라고 생각하고 지도했다.

지도 방법의 기본 원리로 그에게 부담이 안 되는 문제, 곧 그의 수준에 맞는 질문으로 응답 기회를 주었다.

그럴 때 그가 기대했던 응답을 하면 기회를 놓지지 않고 칭찬과 격려를 아끼지 않았으며, 그런 기회를 자주 주었다.

그러자 응답 횟수가 잦아졌고 정답률도 높아졌다. 아울러 그에 비례해 '자신감'도 날로 신장되는 모습이 역력히 보였으며, 학습 활동도 시간이 갈수록 활발해졌고, 태도도 적극적으로 변했다.

그의 '자신감'은 누적, 확대, 신장되어 다른 교과에까지 확장되어 활발하게 참여한다는 정보를 들었다.

필자는 자신감을 높이기 위한 특별지도의 성과에 고무되어 더욱 박차를 가하였다.

그가 고3 때 최우수 성적으로 졸업을 했는데, 나는 이런 지도 방법의 결과라고 확신하고 있다.

그는 당시 신생 지방 고등학교 출신으로 K대학에 지원하여 당당히 합격하는 영광을 차지했다.

필자는 그가 대학 진학 후에도 계속 관심을 갖고 지켜보았다. 그가 자신감을 가지고 적극적이면서도 활기 있는 생활을 한다는 소식을 들었고, 우수한 성적으로 학사 학위를 받음에 더없이 큰 보람을 느꼈다.

그리고 대학 졸업 후에도 이러한 자신감을 바탕으로 국내 유수의 회사에 입사했으며, 적극적인 활동으로 능력을 인정받아 정년까지 CEO로 근무했다.

은퇴 후에도 자문역으로 활동하는 것을 보며 큰 보람을 느끼고 있다.

3. 특별활동지도

안○○

이 학생은 필자가 대학을 졸업하고 첫 부임한 학교에서 국어 외에 특활 활동인 웅변반을 맡아 지도하면서 특별히 자신감 지도에 역점을 두어 뜻을 이룬 대표적인 예다.

그는 고등학교 2학년 때 웅변반에 지원하였는데 수업시간에 적극적이지는 않았으나 능력은 있어 보였다. 필자는 그가 '자신감'이 없는 데 큰 요인이 있는 것으로 보았다.

그리하여 국어 시간에 자신감을 높여 주기 위해 재미있는 문장 표현을 비롯해 문단 나누기, 주제 파악… 등의 발표 기회를 많이 주어 정답을 발표할 기회를 많이 갖게 함으로써 점점 국어 학습에 흥미를 느끼는 것을 발견했다.

필자는 더욱 본격적으로 자신감을 높여 주기 위해 특활반인 웅변반에 참여할 것을 권했다.

그는 웅변반에 들어와서 의욕을 가지고 원고도 쉽고 재미있으면서 공감이 가도록 작성해 왔다.

필자는 웅변 원고 작성에 중점을 두고 자력으로 써 오게 하여 보완해 줌으로써 능력은 물론 자신감 높이기에 역점을 두고 지도했다.

필자는 무엇보다 의사소통의 기본인 원고 내용의 공감력, 자연스러운 태도, 음성 구사의 효율성 등을 높이는 데 역점을 두고 지도하되, 좋은 점을 구체적으로 지적하여 격려와 찬사를 아끼지 않았다.

아울러 주장하는 내용에 대한 효율적인 발성이나 휴지, 태도나 제스추어 등도 일일이 지적해 주었다.

그런데 이 학생은 귀찮을 정도로 자주 찾아와서 나도 열심히 지도했다.

그 결과 2,3년 동안 본교는 물론 각종 웅변대회에서 거의 우승을 할 정도였다.

1957년도 무렵 이 고장은 6·25 후의 접경지대로 전쟁의 흔적이 가시지 않은 매우 낙후된 곳으로, 이곳 학생이 서울의 행사에 참여한다는 것은 매우 어려운 일이었다.

그러나 이 학생은 교내 대회에 참여하면 대적할 사람이 없어서 매번 우승을 해 자신감이 하늘을 찔렀고, 신출 교사로서 열정을 다해 지도한 필자도 자신감이 넘칠 정도였다.

그리하여 필자는 서울의 각 대학에서 개최하는 웅변대회에 조건이 맞으면 출전시켜 거의 매번 우승을 함에 본인은 물론 나도 흥분하였고, 웅변 하면 누구라고 할 정도로 전 군에 알려졌으며, 군 전체가 떠들썩하여 온통 흥분의 도가니 속 같았다.

마침내 너무 유명해져 서울에서 웅변대회를 개최하는 대부분의 대학교에서는 은밀히 참여하지 말아 달라고까지 할 정도였다.

이런 단계에 이르자 필자도 그 정도면 '자신감'이라는 소기의 목적을 달성했다고 보고, 다른 교과에 열정을 쏟을 것을 권했다.

그런데 그는 잊을 만하면 서울의 어느 대학에서 우승했다면서 우승기를 들고 오는 것이 아닌가!

그가 웅변에서 얻은 자신감은 필자 담당인 국어 교과는 물론 영어나 사회 과목… 등의 교과로도 확산되어 우수한 성적으로 졸업하였다.

그 후 서울의 모 대학에 무난히 입학하여 매우 적극적이고 활발한 대학 생활을 하였다.

대학 졸업 후에도 능력을 인정받아 CEO로 자신감 넘치는 생활을 한다고 전해 들었다.

원○○

이 학생도 웅변반에 들어와 필자의 특별지도를 받았는데, 교내 대회에 출전하여 항상 입상권에 들었다.

그 후에도 늘 웅변에 관심을 갖고 열심히 연마하여 많은 웅변대회에 참여해 입상함으로써 지역에서는 웅변가로 알려졌다.

그는 K대학에 진학했는데 대학에서도 자신감이 넘치면서도 여유 있고 활발한 생활을 했다고 한다.

대학 졸업 후에는 공무원으로 근무하다가 웅변 특기로 국회의원 비서관을 거쳐 장관 비서로도 활동을 했다.

그는 선거 때면 찬조 연설을 하는 전문성을 발휘하다가 공무원으로 전업하여 정년을 마친 후, 모 대학 이사로 20여 년 봉직하였다.

이○○

이 학생은 교과 공부에서는 평범하였으나 마라톤에 두각을 나타내고 있었다. 필자는 그의 자신감을 더욱 강화하고자 웅변반에 들어오도록 권하였다.

교내 웅변대회 때 원고를 직접 써 오게 하였으며, 내용은 물론 청중 앞에서 이목을 끌며 설득력 있게 말하기, 곧 쉬우면서도 공감대가 큰 웅변 훈련을 반복함으로써 능력을 십분 발휘했다.

그 후 교내 웅변대회에 출전하여 몇 번 입상을 거쳐 우승까지 했으며, 서울 시내 대학이 주최한 웅변대회에 출전하여 우승하는 쾌거도 거두었다.

그는 마라톤뿐 아니라 웅변에까지 자신감을 얻어 다른 활동에서도 항상 자신감이 넘쳐흘렀다. 그를 생각하면 무엇보다 자신감이 떠오를 정도였다.

그는 고등학교를 졸업하고 특수대학에 입학하였다. 거기서도 자신감 넘치는 적극적인 생활을 한다는 소식을 들었으며, 임관 후에도 언론에까지 이목을 끌 정도로 적극적인 활동을 통해 경찰서장을 몇 번 하더니, 모 직할시 경찰청 총수까지 승승장구하며 패기 넘치는 활동을 한 후 정년을 맞았다.

제5장

나의 ‘자신감 높이기’
체험 사례

1. 나의 도전 성공 사례

필자가 일생 동안 '자신감'을 얻었다고 생각되는 사례를 소개하면 다음과 같다.

1) 달리기에서 얻은 자신감

필자는 초등학교 1학년 가을 운동회 때 달리기에서 처음 1등을 했는데, 그때 느낀 감격은 구십의 나이인 지금도 잊히지 않는다.

당시 대부분은 입학 적령기를 지나, 심지어는 10년이나 더 많은 학생들도 몇 명 있었고, 그 중에는 결혼을 한 학생도 두 명이나 있었다.

그래서 필자는 으레 앞줄에 섰고, 1조로 달리기를 하면 1등을 하였으나 2조로 뛰면 그렇지 못했다.

그 후 중고등학교 다닐 때도 특별히 육상부에 들지 않아 달리기를 할 기회는 없었으나, 평생 동안 '달리기'만은 뒤떨어지지 않는다는 생각뿐 아니라 자신이 있다는 생각을 가지고 살았다.

2) 씨름에서 얻은 자신감

필자가 자란 고향에는 '한내'라고 하는 꽤 큰 냇물이 흐르고, 양 옆에는 개구쟁이들이 놀기 좋은 모래사장이 있다.

초등학교 시절 학교 수업이 끝나면 집에 가다가 으레 냇물에서 멱을 감았고, 그런 다음 모래사장에서 달음박질을 하거나 씨름을 했다.

그런데 당시 '창O'이라는 한 학년 아래 짓궂은 동갑내기가 있었다. 그는 말수는 적었으나 필자를 만만히 생각하고 보기만 하면 시비조로 치근덕댔다. 그리하여 나는 언젠가는 한 번 겨뤄 봐야겠다고 벼르고 있었다.

그러던 중 어느 날 그가 냇가에서 씨름을 하자고 도전해 오는 것이 아닌가? 그는 필자보다 체격이 약간 우람하여 가끔 시비를 걸어오면 나는 자신이 없어서 피하곤 했었다. 그런데 마침 도전을 해 와 벼르던 중 잘됐다고 생각하고 응수했다.

필자는 그 동안 쌓이고 쌓인 울분을 폭발시키는 힘으로 사력을 다해 밀었고 또 밀리는 승강이가 벌어졌다. 얼마동안 승강이가 이어졌는데 순간 필자가 우세함을 느끼고 사력을 다해 밀었다. 그 순간 내 몸이 그의 몸 위를 덮치고 있지 않은가!

세상을 다 얻은 기분이었다. 한참 그의 몸 위에서 멍한 채 있었다.

이렇게 필자가 이긴 후 그의 으스대던 태도가 사라졌고, 필자는 그를 볼 때마다 당당했을 뿐 아니라 의기양양했다.

그 후에도 우리는 초등학교 졸업할 때까지 여름날 달밤이면 강변에서 씨름을 자주 했다.

그런 일이 있은 후 필자는 '씨름' 하면 절대적인 체격의 우세가 아니면 항상 자신감이 있다는 생각을 가지고 살았다.

3) 글짓기에서 얻은 자신감

필자가 초등학교 3학년 때다. 어느 날 학교에서 집에 돌아오니 뭔가 이상했다.

내가 어디 갔다가 돌아오면 수백 미터까지 나와 꼬리를 흔들며 길길이 뛰며 반가워하던 바둑이가 아무 기척이 없지 않은가?

그래서 나는 엄마를 보자마자,

"엄마, 바둑이 어디 갔어?"

하고 물으니 개장사에게 팔았다는 것이었다.

그때가 여름 복지경이었다.

그 순간 내 머리에는 우리 '바둑이'를 사 간 사람이 무지막지한 방법으로 도살하는 장면, 사람들이 주인을 그렇게 정답게 따르던 개를 맛있다고 먹으며 희희낙락하는 모습이 떠올랐다.

바둑이는 내가 어디 가면 졸졸 따라올 뿐 아니라 학교에 갈 때면 멀리 사라질 때까지 바라보고 서 있었다. 돌아오면 수백 미터 앞까지 달려와서 꼬리를 치며 반갑다고 길길이 뛰던 모습 등… 그렇게 쌓인 애틋한 정들이 머리에 떠올랐다.

"사람들은 이런 개를 보신용으로 잡아먹다니?"

그렇게 나를 따르던 바둑이가 장사꾼에게 끌려가면서 내 구원의 손길을 찾으며 집 쪽을 돌아보았을 모습, 그 바둑이를 무지몽매하게 몽둥이로 때려 도살되는 장면, 그렇게도 주인에게 충성했건만 식용으로 먹는 인간의 모습… 등을 생각하니 가슴이 아플 뿐 아니라 쓰리고 메었다.

그러던 중 어느 날 담임선생님이 교실에 들어오더니 무슨 내용이든 좋으니 최근 특별히 일어난 일에 대해 느낀 대로 글을 지으라고 하는 것이었다.

그때 나는 아직 바둑이에 대한 상처가 가시기 전이어서 그 심정을 그대로 적어서 낸 후 아주 잊고 있었다.

그런데 어느 날 선생님이 몇 사람이 글을 잘 썼는데 그 중 하나를 읽어 주겠다고 했다. 그러나 나와는 관계가 없는 일이라고 생각되어 관심 없이 나는 그저 앉아 있었을 뿐인데, 어라! 분명 내 이름을 부르는 것이 아닌가?

그리고 내 글을 읽어 주기까지 했다.

선생님은 개에 대한 이런저런 정, 끌려가며 누군가의 구원의 손길을 찾으며 집 쪽을 바라보는 모습, 비참하게 도살되는 장면, 그렇게도 주인을 따르던 개를 맛있다고 먹는 사람들의 모습… 등을 꾸밈없이 잘 썼다고 칭찬을 하는 것이다.

필자는 그때까지 선생님한테서 구체적으로 칭찬을 받은 적이 없었는데, 그것이 생전 처음의 일이었다.

그 순간 필자는 얼떨떨했고 얼굴까지 화끈했으며, 마침 하늘에 붕 떠오르는 기분이었다.

그 글을 교실 뒤 게시판에 붙여 놓았는데, 그것이 그렇게 도 자랑스러웠다.

필자는 지금도 그 언저리를 배회하며 한껏 들떴던 기억이 생생하다.

그것은 필자 일생에서 처음 맛보는 '자신감'의 시발점이 아닌가 한다.

그때가 글짓기에 대한 '자신감'이 싹트는 시발점이 되었고, 내 문필 생활의 시발도 되었으며, 글쓰기의 동력도 발동되었다고 확신한다.

그 후 중고등학교를 다니면서 글짓기를 할 기회는 전혀 없었다.

그러나 대학 지원을 앞두고 장래 취업을 향한 나의 학력과 적성 등을 고려한 엄중한 선택의 시간에 직면했다. 어느 수준의 대학, 어느 계열과 학과 선택을 해야 하는 중요한 선택의 기로에 서 있었다.

당시 필자는 '서울대 사범대학 국어과'를 선택하면서 초등학교 때 '우리 개'에 대한 글짓기에서 선생님의 구체적인 칭찬과 격려에서 싹튼 '자신감'이 떠올랐고, 물론 그것이 결정하는 데 매우 중요한 요인이 되었다.

아울러 대학을 졸업한 후 교직 생활은 물론 평생의 문필 생활을 하게 된 더없이 중요한 동인(動因)도 되었다. 그러니까 그것은 문필 생활이 기본인 나의 인생길을 걷는 데도 가장 중요한 계기가 된 것도 확신한다.

4) '물구나무서기' 운동에서 얻은 자신감

필자는 중학교 3학년 때 체육시간이 무엇보다 근원적인 '자신감 발원'의 시발점이었다.

그날도 체육시간에 긴장된 마음으로 운동장에 나가서 도열했다.

내가 사뭇 긴장한 이유는 운동을 하면서 다치지 않을까 하는 두려움이었고, 또 하나는 겉옷을 벗어야 하는데 남루한 속옷이 드러나는 것이 창피해서였다.

이윽고 체육 선생님은 두 줄로 세우더니 운동장 담 쪽으로 이끌고 가는 것이었다. 나는 무슨 운동을 시키려고 그러는지 한껏 긴장되었었다.

그런데 담 앞에 두 줄로 세우더니 '물구나무서기'를 한다는 것이었다.

나는 가슴이 덜컥 내려앉았다. 내가 제일 겁을 먹는 운동이 아닌가!

필자는 몸을 거꾸로 세우는 건 생각조차 할 수 없는 일이었다. 내 몸이 뒤로 넘어지는 순간이 떠올라 아찔했다. 그런데 선생님이 자세히 요령을 설명해 주는 것이 아닌가?

벽을 향해 두 줄로 서서 앞에 선 사람은 "두 팔을 땅에 짚은 뒤 머리는 반듯이 치켜들고 두 다리를 번쩍 들어 벽에 대라"는 것이었다. 특별히 머리를 들어야 한다는 것을 강조했다. 그러면 절대 뒤로 넘어지지 않는다는 것이었다.

실제로 그것은 절대로 안 넘어지는 요령이었다. 나는 무엇보다 절대로 안 넘어진다는 말에 솔깃하였고, 벽이 버티고 있음에 믿음이 갔다.

또한 앞줄에 선 사람은 만일 넘어지면 붙들라고 하는 것이었다. 그 순간 앞으로는 벽, 뒤로는 동료가 버티고 있음에 두려움은 사라졌다.

필자는 이윽고 단단히 결심을 하고 담 앞에 선 후, 땅에 두 손을 짚었다. 그리고 벽을 향해 두 다리를 몇 번인가 들어올렸다.

어느 순간 두 다리가 벽에 닿았다. 뒤에 선 친구는 내 두 다리를 잡았다.

그리고 얼마 동안인가 버티던 나는, "야! 잠깐 놔 봐!" 하고 떨리는 목소리로 말했다.

그 상태가 얼마간 흘렀다. 나는 그렇게 떨리고 어렵기만

하던 '물구나무서기'를 해낸 것이었다.

그 감격은 난생처음 느껴본 '자신감'의 분출이 아니었을까? 또한 일생일대 자신감의 시발이고 원류였다.

그 후 필자는 틈만 나면 담으로 가서 '물구나무서기'를 반복했고, 기술이 날로 향상되어 점점 열을 올렸다. 그렇게 반복하다가 벽에 의지하지 않고도 '물구나무서기'를 하게 되었고, 다른 친구들도 내 기술을 인정하며 놀라는 기색이었다.

필자는 이렇게 중학교 3학년 때 '물구나무서기' 운동에서 확신에 찬 '자신감'을 얻었는데, 그것은 글짓기나 교과에서 얻은 어떤 자신감보다 근본적인 차이가 있음을 느꼈다.

그러니까 글짓기에서 얻은 '자신감'은 그 영역의 한계를 넘지 못하나, '물구나무서기'에서 얻은 것은 어떤 교과나 인문이나 자연계의 경계를 넘어선 보다 근본적인 인생사 도전의 원동력이라는 차원의 '자신감'이었다.

5) 40대에 시작한 테니스에서 얻은 자신감

필자는 40대에 테니스를 배우기로 결심하고 결행했다. 그 전에는 "운동에는 소질이 없고 더구나 구기(球技)는 더욱 하지 못한다"는 개념이 머릿속을 꽉 지배하고 있었다.

그런데 그때 한창 테니스가 유행하여 많은 친구들이 배우며 좋은 점을 이야기하고, 더구나 대학 구내에서 동료들이 테니스를 즐기는 분위기에 마음이 쏠렸다.

그러나 나는 학교에 다니는 동안 운동다운 운동을 해 본 적이 없어 테니스는 더욱 자신이 없었다.

그런데 같이 통근하던 동료는 물론 자주 만나는 대학 친구들이 테니스 이야기로 꽃을 피움에 그들과 어울리려면 배워야겠다는 생각은 있었다. 하지만 쉽게 엄두가 나지 않았다.

그러던 중 우연히 아주 친한 네 명의 대학 동기들이 모인 자리에서 테니스가 화제가 되었다.

이미 테니스 운동을 하는 학우가 테니스의 장점을 이야기하면서 유행에 뒤지지 않으려면 빨리 배워야 한다고 하는 것이다.

운동에는 자신이 없는 나도 모든 친구가 배우겠다는 적극적인 의지를 나타냄에 얼떨결에 참여하겠다는 약속을 하게 되었다.

그 후 막상 테니스를 배울 생각을 하니, 평소 운동을 좋아하는 편도 아닌 데다가 더욱이 구기 운동을 배우려고 하니 앞이 캄캄했다.

그 순간 중학교 3학년 체육시간에 도저히 불가능하다고

생각했던 '물구나무서기'를 해낸 경험이 뚜렷이 떠올랐다. 그때 얻은 "나도 하면 된다"는 자신감은 내가 일생을 살면서 은연중 인생의 동력으로 흐르고 있었다.

그 동력으로 필자는 대학 동기들과 약속한 40대에 테니스를 배울 것을 결행한 것이다.

필자는 그때까지 구기 운동은 물론 어느 운동도 시도하지 않았는데, 인생 중반 나이에 구기 운동에 뛰어들 수 있었던 것은 특별한 동력이 없으면 도저히 불가능했다고 본다.

그것이 내가 중학교 때 '물구나무서기 운동'에서 얻은 '자신감'의 발로라고 생각한다.

필자는 그때 얻은 "어떤 일에도 도전할 수 있다"는 자신감의 동력에 힘입어 테니스를 배우기로 했고, 그것을 결행했다.

이윽고 테니스 라켓과 테니스복, 신발 등을 갖추고 테니스장을 찾아가서 코치와 상담을 했다.

그렇게 테니스를 시작했으나 굳어질 대로 굳은 몸이니 동작이 부자연스럽기 이를 데 없음은 물론, 숙련되는 속도야말로 더딜 대로 더디었음은 말할 것도 없었다.

그런데 필자는 몸이 쇠약해서 겨울이면 감기가 단골손님이었고, 그때마다 한약을 먹어야만 치유되었다.

자신감-인생을 성공으로 이끄는 열쇠

한약은 다려 먹어야 하므로 아내에게 미안하기 짝이 없었는데, 그것도 테니스를 배우기로 결심한 큰 요인이었다.

필자는 테니스를 시작한 후에는 레슨은 물론 연습도 최선을 다했다.

6개월 정도 되었을 때는 상대와 난타를 즐기는 수준에 올랐고, 비슷한 수준과는 경기도 할 수 있어 새로운 인생의 보람을 느꼈다.

테니스에 재미를 느끼면서 연습을 할수록 의욕이 상승되고 몸도 실제 건강해지는 것 같아 자신감은 날로 강화되었다.

게다가 더 신났던 건 식욕이 좋아지고 잠도 잘 올 뿐 아니라 겨울에 그렇게 자주 앓던 감기도 걸리지 않았다.

필자는 날로 테니스 운동에 빠져들어 기량도 향상되었고, 테니스는 내 생활에서 빼놓을 수 없는 요체가 되었다.

그 대표적인 예가 40여 년이 지난 지금까지도 잊혀지지 않는, 직장 대항에 처녀 출전하여 혈전 끝에 우승의 쾌거까지 이룬 것이었다. 그것은 내 평생에 결코 지울 수 없는 획기적인 사건이었다.

그때의 감동은 지금까지 한 번도 느껴보지 못한 온몸을 달구는 결정체의 흐름이었으며, 내 인생에서 처음 느끼는 힘의 원류인 '자신감'으로, 그것은 내 삶의 대동맥으로 흐르고 있음을 느끼기까지 한다. 늦게나마 운동의 참맛과 위력을 느껴 본 것이다.

이러한 테니스에 대한 열정은 시일이 흐름에 따라 날로 깊어졌음은 물론, 무엇보다 의미 있는 것은 인생의 원동력인 '자신감'이 더욱 공고해진 것이다.

그리하여 나는 인생을 사는 태도가 당당해졌고, 무엇보다 '도전정신'이 점점 강화되는 것을 느꼈다.

그 결과 어떤 어려운 일들도 주저하지 않고 자신 있게 도전하는 동력이 도도히 흘러내렸다.

그 하나의 큰 예가 60세에 여러 사람에게 호소해서 지지를 획득해야 하는 총장 선거에 도전하여 뜻을 이룬 일이었다.

6) 고희 나이에 대청봉 등반에서 얻은 자신감

필자는 늦게 배운 테니스를 치느라 등산은 학생들을 인솔해서 간 설악산과 제주도 한라산, 백운대 등을 오른 것 외에는 거의 하지 않았다.

그런데 옛날 첫 부임한 학교 제자들과의 모임에서 우연히 대청봉 이야기가 나와 나는 한 번도 못 갔다고 하니 같이

자신감-인생을 성공으로 이끄는 열쇠

가자고 했다.

하지만 꼬박 하루가 걸린다는 대청봉 등반은 정말 자신이 없었다. 십여 년 아래인 제자들은 이번 기회에 한사코 선생님을 모시고 가겠다고 했다.

그 후에도 여러 번 제자들은 이구동성으로 함께 갈 것을 간곡하게 확인하였으나, 나는 하루 꼬박 걸리는 대청봉 등반만은 아무리 생각해도 자신이 없다고 사양했다.

그런데 대청봉 등반을 며칠 앞두고 갈 준비를 하라고 연락이 왔다. 난감했다.

그날이 되자 그들은 우리 집까지 찾아온 것이다. 나는 어쩔 수 없이 따라가면서 산 초입까지만 가서 몸 컨디션을 핑계로 빠지려는 생각이었다.

그런데 그곳에 도착해서는 팔다리를 주물러 주는 등 정성을 기울여 어떤 핑계도 댈 수가 없었다.

기상! 하는 소리에 하나둘 눈을 비비며 일어났다. 그 분위기에 어쩔 수 없이 나도 따라 일어나기는 했다. 그때가 새벽 4시. 그 분위기에서 못 가겠다는 말이 도저히 입에서 떨어지지 않았다.

그 순간 "나는 지금까지 살면서 결심했던 일을 포기한 적이 없지 않은가? 더구나 고작 하루 걸리는 등반이라는데 포기를 하다니?"라는 생각이 떠올랐다.

또한 그 어렵다고 생각했던 '물구나무서기'를 성취한 일을 비롯해서 늦게 배운 테니스 직장 대항 시합, 기관장 선거에 출마하여 성공한 일, 그리고 독자적으로 19년간의 시민단체 운영 등에서 얻은 자신감의 물결이 내 머릿속에서 도도하게 흘렀다.

그 찰나 '대청봉 등산을 결행하자!'라는 굳건한 자신감으로 대청봉 등반 첫 걸음의 거보를 내딛었다.

그러니까 우리는 10월 어느 날 새벽 5시 오색약수터 호텔에서 출발을 한 것이다. 고희 나이인 나는 전쟁터에 나가는 신병같이 일행의 뒤를 따를 뿐이었다.

그 길은 가파른 봉우리를 넘으면 평평해지는 것은 잠깐, 다시 이어지고 또 이어지는 돌 가닥다리의 깎아지른 고갯길의 연속이었다. 숨은 헐떡이고 비지땀은 흐르는데 아직 1,000m밖에 못 왔다고 한다.

걷고 또 걸었다. 냇물 소리를 행진곡 삼아 앞사람 엉덩이만 보고 걷고 또 걷는 것이다.

길은 현기증이 날 정도로 비탈길이고, 끝나는가 하면 이어지고 또 이어졌다.

내 몸은 비지땀으로 범벅이 되었고, 천근만근 같은 다리를 끌고 걸을 때마다 무릎 위에 손을 얹었다.

앞으로 나아가야 할 다리는 움직이지 않고, 그저 끌며 엉덩이만 좌우로 움직일 뿐이었다. 기진맥진하여 도저히 안 되겠다고 기권하겠다는 말이 튀어나오기 직전이었다.

그러나 다른 여섯 사람은 아무 말 없이 걷고 걷는 것이 아닌가?

그 순간 나는 지난날 힘겨운 인생 고개를 넘던 일들을 하나하나 떠올리며 또 걸었다.

그 대표적인 것이 도저히 불가능하다고 생각했던 '물구나무서기'였고, 또 하나가 그렇게도 망설이다가 늦게 배운 테니스 실력으로 처녀 출전에서 몇 번인가 엎치락뒤치락하다가 승리의 쾌재를 불렀던 일을 떠올리며 걸었다.

그때의 동력이 '자신감' 아니었던가?

"다른 사람들도 별 탈 없이 걷고 걷는데 나만 여기서 기권할 수는 없지 않은가?"

나는 행렬 가운데 끼어 걷고 또 걸었다. 어둠을 헤치고 새벽에 떠났는데 석양 노을이 지칠대로 지친 우리를 맞는 순간 누군가가, "저기 대청봉이 보인다!" 하고 소리치는 것이 아닌가!

2. 자신감 높이기의 시발은 1인 1기 운동으로

필자가 교과 학습이나 글짓기, 미술 등에서 얻은 '자신감'을 앞에서 말한 '물구나무서기' 운동에서 성취한 것과 비교하면 너무 근본적인 차이가 있다.

필자는 '자신감'을 난생처음 글짓기에서 얻었는데, 그것은 글짓기의 범위를 넘지 못했다.

그러나 중학교 3학년 때 '물구나무서기' 운동에서 얻은 "나도 무엇이든 할 수 있다는 자신감"은 교과는 물론 문과나 자연계의 경계를 넘어선 인생의 원동력인 '자신감'이라고 할 수 있을 정도이다.

이런 점에서 필자는 본인은 물론 모든 교육자, 부모들이 '자신감'에 대해 특별히 관심을 가져야 하고, 전문적인 연구를 해야 한다고 강조하는 바이다.

'운동'이란 앞에서 밝힌 바와 같이 신체 각 부위의 기능과 그것들의 조화롭고 종합적인 결정체, 즉 몸을 성장 강화시키는 전문적인 활동이다.

그러니까 "운동이란 정신을 담은 틀을 조화롭고 균형

있으며 강건하게 더욱 성장 발전시키는 활동"이다.

그러므로 몸을 단련시키는 운동은 그 내용물이기도 한 정신을 강화하고 공고히 하는 지름길이라고 본다.

그것을 입증하는 것은 필자가 '물구나무서기' 운동에서 얻은 자신감이야말로 전 인생을 통해 모든 도전의 원동력이 되었음을 밝힌다.

그 대표적인 예가 40대에 테니스 운동을 시작할 수 있었고, 60에 기관장 후보 출마, 70에 대청봉을 등반할 수 있었으며, 80에 『변해야 산다』를 비롯해 『한국의 얼』, 『아리랑은 왜 명곡인가?』 등을 저술할 수 있었으며, 지금 91세에 '자신감'에 대해 집필하고 있다.

그것은 필자가 일생을 살아오면서 크고 작은 수많은 일에 도전한 자신감의 지류가 합류하여 어떤 문제에도 도전 할 수 있는 자신감의 대동맥으로 확장되었을 뿐 아니라 매우 공고해지기도 했다.

중학교 때 '물구나무서기' 운동을 통해서 얻은 "나도 무엇이든 할 수 있다"는 '자신감'은 1950년 6·25동란(1·4후퇴) 때 장돌림뱅이를 시작으로 '서울대 사범대학 입학', '40대 테니스 입문', 50세 때 '미 국무성 초청 풀브라이트 장학생 지원'

등에 도전하는 원동력으로 확장되어, 60대에 『국어교육론』 저술(필자가 발의 주도함), 총장 선거, 70에 대청봉 등반, 80대에 세 권의 저서를 출판했으며, 90에 '자신감'에 대한 책을 집필하기까지 도전하는 원동력이 되었다.

그것은 "어떤 난관도 극복하고 새로운 일에 도전하여 목표를 성취할 수 있다는 자신감"의 대동맥이 된 것이다.

필자는 대학교 때까지도 특별히 운동을 한 것이 없다. 그러나 요행히도 중학교 때 '물구나무서기'에서 얻은 '자신감'이 "나도 무엇이든 할 수 있다"는 시발점이 되어 40대 중반에 처음 테니스를 배우는 동력이 되었다.

그리고 직장 대항에 처녀 출전하여 혈전 끝에 승리한 것은 물론, 그 후에도 몇 번 대회에 참가해 얻은 승리의 기쁨은 자신감의 거센 물결이 되어 흐르고 있으며, 지금도 자주 회상하는 잊을 수 없는 아름다운 추억이 되고 있다.

필자의 '물구나무서기'에서 얻은 자신감의 원류는 테니스를 비롯한 앞에서 밝힌 많은 일에 도전하는 지류가 발생하였고, 이들의 합류로 자신감의 대동맥은 더욱 확대되고 강화되어 앞에서 밝힌 바와 같이 70에 대청봉 등반은 물론 80에

자신감-인생을 성공으로 이끄는 열쇠

들어서도 세 권의 저서를 냈고, 지금도 '자신감'에 대한 저서를 집필 중이며, 이어서 '리더십' 집필을 구상 중이다.

아울러 퇴임 후에는 19년간 시민운동, 각종 봉사활동 등 수많은 도전을 하여 성취하였는데, 그 시발의 원동력은 말할 것도 없이 '자신감'이었음을 밝힌다.

3. 자신감이 도전의 원동력임을 입증하는 사례

내가 일생 동안 도전하여 성공한 사례들을 소개해 보겠다.

1) 장돌림뱅이

필자는 6·25전쟁 당시 중학교 5학년(현재는 고등학교 2학년)이었는데, 1·4후퇴 때 고모부를 따라 예산으로 피란을 갔었다. 우리 일행은 고모부 친구 부부와 4촌, 그에 따른 식솔 등 10여 명이 그곳 잠사회사 기숙사에서 함께 피란 생활을 했다.

그때 먹고 사는 기본 생활도 어려웠지만, 나는 자고 일어나 무료하게 시간을 보내는 것이 너무 아쉬웠다.

그리하여 먹고 사는 기본 생활조차 어려운 피란살이를 하면서 어른들의 금붙이나 헌 옷가지 등을 팔아주게 되었다. 그런데 그 물건들을 팔다 보니 고물 장사꾼으로 오인되어 헌 구두를 비롯해서 손목시계까지 팔러 오는 사람이 있었다.

그러나 밑천이 없어 거절하면 헐값으로라도 사라고 하여 어쩔 수 없이 거저 사다시피 했다.

그것을 좌판에 놓고 있으면 사가지고 가는 사람이 꽤 있어 장사가 되었다. 이러다 보니 고물 장사가 되어 버린 것이다.

나는 그때 무료하지도 않았을 뿐 아니라 수입도 생겨 꺼져 가던 삶에 생기가 돌고 보람까지 느꼈다.

처음에는 머물던 곳 장터에서 장사를 했는데 수입이 차차 늘어나 제법 장사에 흥미를 갖게 되었다. 한 달쯤 지나니 5일장을 기다리는 것이 지루하여 차츰 주변 서산, 홍성장으로 무대를 넓혀 물건을 팔다 보니 본의 아니게 장돌뱅이 생활을 하게 되었다.

그러다 보니 일행 중 바쁜 사람은 내가 유일했고, 두 달 동안의 피란살이 중 소 한 바리를 살 정도의 돈을 벌었다.

다른 사람들은 할 일이 없이 너무 지루해했는데 나만 바쁜 생활을 했고, 그것은 매우 값진 체험이었다. 또한 내가 일생을 사는 동안 수많은 일에 도전할 수 있는 '자신감'을 체험한

자신감-인생을 성공으로 이끄는 열쇠

잊지 못할 경험이 되었다.

2) 서울대학교 입시 도전

필자는 정상적이면 1952년에 대학 입시에 지원해야 했는데 6·25전쟁으로 53년에 지원했다.

일 년 반 동안 학교 생활을 못했으므로 대학 진학은 물론 더구나 일류 대학에 지원한다는 것은 매우 어려운 도전이었다. 그것은 정확한 학력 평가에 의한 '자신감'이 도전의 동력이라고 본다.

고등학교 3학년에 복학하여 겨우 6개월 동안 전쟁 1년 6개월 간의 공백 기간을 만회하기 위해 최선의 노력을 했다. 그때 일과가 종로도서관에서 살다시피 한 것이고, 집에서도 거의 밤을 새우기 일쑤였다.

그러나 대학 입시, 특히 서울대 사범대학 국어과에 지원서를 내기까지 학력에 대해서는 물론 적성에 대해서도 많은 고민을 하며 다각도로 평가했다.

더구나 서울대에 진학하기로 결심하기까지 많은 고민을 하고 응시해서 마침내 합격을 했는데, 그 원동력은 무엇보다 '자신감'이었다고 본다

3) 정의감의 분출

내가 교직에 진출한 지 몇 년 안 되어 이른바 4·19가 터졌다. 그때의 혼란은 극에 달했다.

각계각층이 여기저기서 일어나 데모를 했을 뿐 아니라 심지어 치안을 담당하는 경찰까지 가담할 정도로 혼란의 극치였다.

내가 취임한 지 얼마 안 되는 학교에서도 데모 시가행진이 벌어졌고, 교직원도 이런저런 일로 술렁댔다.

그런데 내가 새로 부임한 학교에서도 교감에 대한 성토가 벌어졌다. 내용인즉 학교 운영에서 독선과 무능함이 많이 드러났다는 것이다.

그 일을 조사하러 도 장학사가 내려와서 교사들을 대상으로 여러 의견을 듣는 회의가 열렸다.

모 교사의 첫 공격의 화살이 교감에 대한 무능과 비행에 대한 성토였다.

그러나 그 내용들은 매우 추상적이고도 작위적이었음에 다분히 감정적인 비난임이 드러났다.

이것저것 이현령비현령식이었다.

내가 듣기에는 이른바 토박이의 텃세를 하던 선생이 평소에 교감대로의 소신 있는 처신 및 일처리에 대한 불만의 감정을 폭발시키는 것이었다.

그 저의에는 이번 기회에 그를 축출 혹은 영향력 안에 넣으려는 의도가 역력히 엿보였다.

정당한 성토라면 잘못된 비행을 구체적으로 지적하고 시정을 요구해야 하는데, 대수롭지 않거나 막연한 일을 중언부언하면서 더구나 회의석상에서 교직자가 입에 담아서는 안 될 욕설까지 하는 것이 아닌가?

부임한 지 얼마 안 되는 데다가 비교적 남의 얘기를 주로 듣는 편인 나는 평소대로 가만히 귀를 기울이고 있었다.

그러나 비행을 지적하는 발언이 너무 작위적인 데다가 비난을 위한 중상임에 내 평온한 마음은 돌에 맞는 기분이었다.

학교의 책임 있는 간부를 누구도 수긍할 수 있는 무능함이나 비행의 지적이 전혀 없이, 그저 나쁘다며 입에 담을 수 없는 욕설까지 나오지 않는가?

신출내기인 데다가 남의 말을 항상 듣는 편인 나는 듣다 못하여 자동적으로 불쑥 일어섰다.

나는 "교감이 무슨 비행을 저질렀거나 과오를 범했다는 말입니까?" 하고 말문을 열었다.

"내가 보기에는 교감이 새로 부임하여 이 학교의 이런저런 문제점을 시정해 면학 분위기가 매우 향상되었고, 진학지도도 눈에 띄게 성과를 올리고 있는데, 지금의 비난은 나로서는 도저히 이해가 안 됩니다."

나는 매우 흥분한 상태에서 일어났지만 감정을 조절하며 차분한 어조로 그의 모순되는 말을 조목조목 반박하였다.

"나는 신임 교감의 직무 수행의 큰 하자나 두드러진 비행을 아직 발견하지 못했을 뿐 아니라 오히려 그의 지도력으로 면학 분위기가 매우 좋아졌으며 더구나 진학률까지 현저하게 향상됐다고 봅니다."

그러면서 지금의 발언 내용은 나로서는 도저히 이해가 안 된다는 것을 거리낌 없이 조목조목 지적하고 자리에 앉았다.

회의장 안은 물을 끼얹은 듯 조용했다.

동료들은 물론 조사관들도 숨을 죽이고 끝까지 듣고 있었다.

나는 이렇게 불쑥 맞서는 발언을 한 후 폐회가 되자 상대 교사의 어떤 횡포에도 맞설 각오를 단단히 하고 뒷문으로 나오는데, 그 황당한 비난 발언을 했던 선배 교사는 앞문에서 나오면서,

"정 선생, 참 좋은 말 했어요."

라고 하며 의외의 악수를 청하는 것이 아닌가?

자신감-인생을 성공으로 이끄는 열쇠

4) 서울대학교 교육대학원 도전

필자는 대학 졸업 후 교직 3년, 군복무 3년, 복직 후 1년을 지낸 뒤 서울대학교 교육대학원에 지원하였으나 낙방하였다.

이때 대학원 입시 주과목인 영어 실력의 미달로 낙방하였기에 한 단계 낮춰 다른 사립대학에 응시하려고도 했다.

그러나 일 년만 전력투구하면 목표를 성취할 수 있다는 자신감이 발동하였다. 나는 단계를 낮춰 다른 대학에 지원할 수도 있으나 다시 서울대 대학원에 재도전하겠다는 결심을 했다.

그것은 분명히 일 년만 영어를 집중적으로 공략하면 합격권에 들 수 있다는 '자신감'이 원동력이 아닌가 한다.

필자는 직장에 근무하면서 일 년 동안 혼신의 힘을 기울여 뜻을 이루었는데, 그 원동력이 '자신감'임은 말할 것도 없다.

5) 민요반 담당 지도교수 지원

필자는 1970년 4월 경인교육대학에 부임하여 경기지역의 학술 채집 활동(방언, 설화, 민요)에 처음 참여하게 되었다. 나는 다른 대학으로 전출간 민요반 지도교수가 맡았던 팀을 인계받았는데, 그때까지 민요뿐만 아니라 음악에 전혀 소질이 없었고 생소하여 퍽이나 부담이 되었다.

그러나 자료 채집 활동이어서 어문계 교수로서 전문성과 관계가 없다고 기피하는 것은 너무 무책임한 일이고, 새로운 분야에 도전하는 것도 뜻있는 일이라 생각되어 주저 없이 맡았다.

그런 후 나는 민요가 자연발생적인 서민 대중의 노래로 한국 음악의 척추격임은 물론, 시조를 비롯한 경기 하여체가(何如體歌) 등 시가문학의 원류임을 이해하는 기회가 되었다고 생각한다.

그것이 계기가 되어 박사학위 논문으로 '한국 민요의 사적 연구'라는 주제로 학위를 취득할 수 있었다.

6) 박사 과정 지원과 미 국무성 풀브라이트 장학생 선발 응모

이어서 몇 년 후 서울대학교 박사 과정에 지원하러 갔는데 접수 창구에서 교육대학원 석사는 특수 대학원이어서 안 받아 줌에 차선책으로 명지대학교 박사과정에 입학하였다.

그러나 그 다음 해부터는 그런 제약이 없어서 퍽 아쉬웠으나 이미 입학하였기에 그대로 정진하고 있었다.

그러던 중 미 국무성 초청 풀브라이트 장학생 선발 공고가 각 대학에 하달되었다.

필자는 '한국 민요와 미국 민요의 비교 연구'라는 주제로 자신감을 가지고 원서를 냈고, 여러 경쟁 과정을 거쳐 선발되었다.

나로서는 미개척 분야인 민요에 대한 서구 이론을 도입하는 절호의 기회라는 생각으로 '자신감'을 가지고 응모하여 여러 난관을 극복하고 선발되는 영광을 얻었다.

그런 후 미국 펜실베이니아대학 민요학과에서 소정의 예비 박사과정에서 세계적인 안목으로 한국 민요의 이론을 탐색하였다.

그 이론을 바탕으로 정립한 '한국 민요의 사적 연구'라는 주제로 학위를 취득했으며, 논문을 바로 '일조각'에서 출판하였다.

이런 일련의 과정에 도전한 것들도 나대로의 '자신감'이 원동력이었음은 물론이다.

7) 평화의 제전에 대한 신념

우리 국민은 평화의 제전인 올림픽이 88년도에 한국에서 개최되는 역사적 쾌거에 한껏 들떠 있었다.

그것은 6·25동란의 상처가 아물 뿐 아니라, 그만큼 우리 국력을 세계만방에 알리는 경사요, 우리의 건국이념인 홍익 인간이라는 평화정신을 만방에 알리고 실제 구현하는 길이기 때문이다.

그런데 북한의 KAL기 폭파로 수백 명의 무고한 생명이 희생되었을 뿐 아니라 국내에서는 정치적 선동의 도가니에 빠진 학생들의 올림픽 반대 데모가 요원의 불길처럼 전국으로 퍼져나갔다.

비교적 정치적 색채가 적고 온건하다는 교육대학 학생들까지 예외는 아니어서 올림픽 반대 데모의 대열에 끼어 학사 진행이 거의 마비 상태였다.

나는 본 대학에 부임한 지 10여 년 만에 도서관장의 보직을 수행한 후 미흡했던 강의에 더욱 충실하고, 소홀했던 연구에 박차를 가하려 하고 있었는데, 기관장의 면담 호출을 받았다.

출두하니 원로들이 빙 둘러앉아 가라앉은 분위기 속에

기관장의 얘기인즉, 현 교무와 학생처장이 학생들의 올림픽 반대 시위로 보직을 사임함에 난국을 수습할 적임자로 많은 교수들의 교무 추천이 거론됨에 불가피하니 보직을 맡을 수밖에 없다는 것이었다.

의외의 요구에 바로 확답이 안 나왔다.

나는 며칠간의 말미를 얻고서 확답을 하지 못하고 있었는데, 기관장은 몇 번 재촉하는 전갈을 보내면서 빨리 만나자는 것이었다.

그때 나는 올림픽의 이념을 곱씹어 봤다.

올림픽은 평화의 제전인데 왜 반대를 하나?

해방 후 국립대학 안도 그렇게 수년간 반대를 했었는데 지금 국립대학은 무슨 문제가 있는가?

반대를 위한 반대의 불순한 정치세력의 개입이 아닌가?

이것은 올바른 시민, 조금이라도 정의로운 시민이라면 이해가 안 될 뿐 아니라, 그저 바라만 보고 있을 수 없지 않은가?

이런 일을 묵과하거나 방관한다면 사회가 어떻게 발전할 수 있으며, 그것은 지도자, 특히 교육자의 자세는 아니지 않은가?

'홍익인간'이라는 평화민족의 평화이념을 세계만방에 알릴 수 있는 이보다 더 좋을 기회가 또 어디 있단 말인가?

그 일익을 담당할 기회가 아닌가?

나는 이렇게 해서 난국 수습의 기회를 받아들이기로 했다.

2,3개월 집에도 못 들어가며 중구난방의 의견을 청취하고 공약수를 찾았다. 기관장은 물론 나도 학생들 내지 학부형들의 주시 대상이었다.

주동 학생들은 내 비리를 샅샅이 털었고, 회유와 협박까지도 이어졌다. 별 비리가 없었는지 아무런 거동도 없었다.

나는 교육자의 신념으로 3개월여 내 자리를 굳건히 지켰을 뿐이었다.

연일 교수회의가 열리고 중구난방의 토론이 이어졌다. 그리고 3개월여 진행된 교수회의는 항상 만장일치로 끝을 맺게 유도했다.

이윽고 데모는 가라앉았고, 학교도 정상 궤도로 돌아왔다.

무엇보다 올림픽도 동서화합의 첫 개가를 올린 매우 성공적인 축제였다.

8) 송곳 발언

필자는 교직 생활 40여 년 동안 발언한 것이 대여섯 번 손으로 꼽을 정도다.

그만큼 사생활에서는 물론 직장에서도 남의 얘기를 주로 듣는 정도이지, 내가 적극적으로 말을 하거나 말을 이끄는 편은 아니었다.

다른 사람들도 그랬지만, 나 스스로도 과묵한 생활을 한다고 생각해 왔다.

필자는 대학에 진출해서도 조교수 직급으로 봉직할 때까지 교수회의에서 발언을 한 번도 하지 않았다.

그런데 하루는 교수들이 여기저기서 웅성대고 수군수군하며 열까지 올리는 것이 아닌가?

그 내용인즉 교수에게 지급되어야 할 연구비 일부가 직원에게 전용됐다는 것이었다.

그 얘기를 자세히 들어보니 너무도 사리에 어긋나는 부당한 일이라는 것을 직감하였다.

교수들은 연구 수당이 지급되지만 교직 업무를 돕는 사무직원에게는 지급되지 않음에 같이 근무하는 동료 직원의 생활이 대조적으로 열악했다.

더구나 교수직으로 봉직하는 분들은 고학력인 데다가 경력도 많으므로 상위 수준의 봉급을 받고 있었다.

그래서 같은 직장에서 근무하는 교수와 직원 간의 처우가 너무 차이가 나서 직원들의 사기가 떨어지는 데다가 위화감마저 생기므로 그것을 완화하기 위해서 교수 연구 수당의 일부를 직원의 생활 보조금으로 전용했다는 것이다.

나는 이 학교에 부임하여 주로 선배들의 발언을 경청하며 극히 옳은 주장만 수용하거나 따랐을 뿐이다

그러나 당시 경리 책임자는 기관장의 밝지 못한 업무 능력을 이용해서 명분이 전혀 없는 수당을 처우 개선에 전용 투입한 것이다.

이 내용을 들은 필자는 잠시 내용의 본질을 객관적이고도 사리 있게 분석해 보았다.

그것은 무엇보다 사리에 맞지 않을 뿐 아니라 명분도 전혀 없었다.

국가에서 지급하는 엄연한 교수들의 연구 수당을 열악한 직원들의 처우 개선을 위해 학교 임의로 어떻게 직원의 후생 지원비로 지원하느냐이다.

또 하나는 교수들은 대부분 학력이 높은 데다가 경력까지

사무직원에 비해 월등히 긴 점이다.

　필자는 교수회의가 열리자 이런저런 보고 사항이 끝나고 질의 시간이 다가옴에 처녀 발언의 말문을 열었다.

　항상 발언을 경청하던 필자는 발언의 포문을 열기 위한 거수를 했다. 조용하던 좌중의 이목이 일제히 나에게 집중되었다.

　필자는 일어나서 교수에게 돌아가야 할 연구비 일부가 직원에게 돌아갔다는 얘기가 교수 간에 설왕설래하는 논란이 많은데, 그것이 와전인지 사실인지 명명백백히 밝혀 달라는 취지의 발언을 했다.

　그 순간 좌중은 물을 끼얹은 듯 조용했다. 거의가 숨을 죽이고 몇 사람만이 주위를 휘둘러 봤다.

　당시 학장은 더없이 경색된 안색으로 실무 책임자에게 시선을 꽂으며 답변하라는 신호를 보냈다.

　그는 매우 황당한 안색으로 머뭇거리다가 서류를 찾아와서 답변하겠다고 했다.

　그리고 황망히 회의장을 탈출해 나가더니 20~30분이 지나도 꿩 구워 먹은 소식이 아닌가?

　교수들은 이때인가 저때인가 기다리다 아무 소식이 없자 주리를 틀었다. 그리고 20~30분이 지났는데도 아무 소식이 없음에 교수들은 웅성대기 시작했다.

당시 학장은 그런 분위기가 오래 계속되자 일어서더니, "실무 책임자가 서류를 못 찾는가 본데 나중에 찾아서 보고하면 어떻겠느냐?"며 문제의 심각성과 불법을 자인하는 듯 아주 낮고도 조심스러운 어조로 되묻는 것이 아닌가?

교수들은 픽픽 실소를 금치 못하며 볼멘소리로 불만을 터뜨리며 웅성대다가 자리를 박차고 일어나는 것으로 회의는 끝났다.

9) 『국어교육론』의 효시 저술

필자는 사범교육의 중심인 교육대학에 오래 근무하면서 '국어교육'이라는 강좌가 실행된 지 수십 년이나 되었는데 국어교육에 관한 전문서가 없는 것을 매우 안타깝고 부끄러운 일로 느끼며 책무감을 갖고 있었다.

그리고 더 늦기 전에 저술해야겠다고 생각하던 중 신임 교수 두 명이 보강되어 영역별로 교수진을 갖춤에 내가 발의 주도하여 우리나라에서 처음으로 『국어교육론』(선일문화사, 1984)을 출간했다.

이는 국어교육에서 한 획을 긋는 일이었다고 자부한다.

기본 내용은 음성언어교육. 독서교육, 작문교육. 문학교육, 언어지식교육 등 다섯 분야를 설정하였다. 각 분야별 기본 구조와 내용 및 지도방법 등을 제시하여 이론화하였다.

이 저술 활동은 국어교육 이론의 황무지를 개척하는 일로 새로 영역을 구분하고, 각 분야별 지도체계를 세워 이론화하는 것이어서 매우 벅차고도 힘겨운 직업이었다.

그러나 당시 정년을 7,8년 앞둔 필자는 소명의식을 갖고 저술 작업에 앞장섰다. 후배 동료들의 깊이 있고 해박한 전문성은 물론 투철한 사명감으로 일 년 반 정도 걸려 책을 세상에 내놓았다.

그 일을 착수하여 자료 수집, 이론 개발, 집필 등은 강의와 논문 작성 등의 중첩적인 활동과 병합되어 고난의 행군이었다. 이러한 난관을 예상하고 있었기에 이 일을 시작하는 건 엄청나게 힘겨운 도전이었다.

필자가 말년에 이 일에 도전할 수 있었던 원동력은 지난날 앞에서 밝힌 경력은 물론 그 동안 쌓인 '자신감'이었음은 물론이다.

그 시발점은 중학교 때 '물구나무서기' 운동이며, 그것이 평생 동안 누적되어 공고해진 자신감의 결정체라고 본다.

10) 직선제 총장 출마

필자는 1970년 4월 경인교육대학 교수로 취임하여 1991년 3월까지 근무하던 중 직선제 총장선거제도가 실시됨에 선거에 출마하게 되었다.

당시 필자는 4년 전에 교무처장직을 끝내고 6년밖에 안 남은 정년을 어떻게 뜻있게 마무리할 것인가 고심하던 중이었다.

그런데 많은 주변 동료들이 초등교원 양성대학에 대한 폄훼되는 관념이 팽배했었는데, 그 불만이 매우 컸었다.

실제로 교육대학은 그 역사에 비해 발전이 저조했다. 올림픽 전에 교무처장 보직을 맡았던 필자는 인류 세계 평화 제전에 대한 명분 없는 전국적인 학생들의 반대 소요 사태 때 소신 있고 합리적으로 함께 대처했기에 동료들 중에 출마를 적극적으로 권하는 이가 많았다.

그러나 선거 출마 경험이 전혀 없는 필자로서는 주저하지 않을 수 없었다.

이러한 상황에서 나는 누적된 나의 자신감에 불이 당겨져 새로운 역사의 도전에 시위를 날렸다.

선거일은 12월로 공고되었는데 1학기 초부터 출마 의사를 밝히고 뛰는 후보가 6명이나 되었으나 필자는 제일 늦게 2학기 들어서야 출마 의사를 밝혔다. 약 7,8개월의 선거운동 기간 중 5명은 도중에 기권했고, 끝까지 남은 사람은 나와 다른 후보 두 사람이었다.

이때 내가 끝까지 버틸 수 있었고 최후의 양자 대결까지 갈 수 있었던 원동력도 '자신감'이었음은 말할 것도 없다.

투표 결과는 내가 예상했던 지지 인원 중 한 사람만이 부족한 압승이었다.

11) 교대총장연합회 회장 출마

필자는 총장 임기 중 총장연합회 회장 후보로 출마했다. 총장이 된 지 불과 몇 개월이 안 되었는데 각 대학에서 선거로 선출된 고참 노장들과의 선거전은 만만치 않은 일이었다.

그러나 투표 결과는 압승으로 당선되었는데, 이에 도전한 것도 자신감이 동력이었음은 물론이다.

12) 제1회 대학평가에 지원

우리나라에서 대학평가가 처음 시행된 것은 1998년이다.

평가를 신청하는 대학만 평가를 해 주었는데, 당시 실무 책임자인 교무처장은 시일이 촉박하다는 이유로 신청을 하지 않으려고 미적댔다.

그러나 필자는 평가를 받고 싶어서 여러 상황을 신중하게 검토해 보았다.

그 요체는 무엇보다 대학의 가장 중요한 요소인 교수진이었다.

첫째, 나는 총장 취임 다음 해에 신임 교수를 명실상부한 공채로 특수 교원대학에 맞는 인성과 아울러 학위 논문의 방향 및 연구의 질 등을 철저히 검증하여 수준에 달한 30여 명의 교수를 대거 채용한 점이다.

둘째, 교대 중 시민대학을 가장 먼저 설립하여 성공적으로 운영하고 있었다.

셋째, 명목뿐이던 장학사업을 크게 벌였다.

돈의 후원을 받는 것은 무엇보다 어려운 일이었다. 그래서 기념이 될 만한 선물을 생각한 결과 도자기가 떠올랐다.

나는 도자기를 직접 구워서 유관 이사 및 유지, 졸업생에게 판매하는 사업과 재학생들의 음악회를 개최하여 장학기금 모금을 할 뿐 아니라 동문회 특별 찬조 운동 등 다양한 장학사업을 전개하였다.

넷째, 전통적으로도 경인교대가 경기문화 논문집인『기전 문화 연구』를 비롯해 교수들의 우수 논문 및 다양한 논문집 간행물을 많이 발간한 데다가 방언을 비롯해 민요, 설화, 금 기어 수집 등에 많은 업적을 쌓은 것으로 알려져 있고 전통 이 있음을 확인시키는 기회를 가졌다.

필자는 이런 여러 면에서 '자신감'이 있었기에 당당히 객 관적인 평가를 받고 싶었다.

그러나 차일피일하다가 평가 지원 마감이 일주일밖에 안 남아 너무 촉박하다면서 실무자들이 주저하자, 나는 앞에서 말한 장점들을 들어 최대한 설득하고 독려하여 마감날에 겨 우 평가를 신청했다.

그 결과 우리 대학이 제1회 우수대학으로 선정 발표되었 다. 그때 격려금 8억 원을 받았는데, 그 돈으로 당시 컴퓨터 가 도입되는 시기여서 교수들의 연구 분위기를 조성하고 연 구열을 높이기 위해 전 교수에게 컴퓨터를 사 주고 연구를 지원한 일은 총장 때의 장거임을 크게 자부한다. 아울러 이 런 결과를 얻을 수 있었던 원동력도 '자신감'이었음은 물론 이다.

13) 시민단체 '의식개혁포럼'(1990~2010) 발기 조직 운영

필자가 재임기간에 큰 과오 없이 정년퇴직을 한 것은 국가는 물론 사회와 이웃으로부터 더없이 큰 은혜를 입었다고 본다.

그러나 36년간 교직 생활을 하고 퇴임하면서 책무를 다하지 못한 것에 대해 후회와 죄책감이 너무 컸다.

선진국 미국을 비롯한 많은 나라는 물론 우리나라에서도 재력가는 물론 서민들도 푼푼이 모은 돈을 사회에 환원하는 인사가 날로 늘어가고 있고, 우리나라 전통적인 5복 중의 하나인 유호덕(攸好德)이 문화국임을 입증하는 것임을 크게 자부하는 필자로서 그 동안 국가와 사회로부터 받은 은혜를 봉사로나마 환원하고 싶었다.

필자는 이제 청소년 교육은 현직에 맡기고, 성인들의 사회교육에 경륜을 보태고자 발기인 66명의 지도급 인사들을 모이게 주도했다.

이때 무엇보다 국민의식의 선진화가 중요하다는 공감대를 형성하여 '의식개혁포럼'이라는 시민단체를 발기해 출범시켰다.

슬로건으로 '앞서가는 생각으로 미래를 열자'는 구호를 내걸어 '국민의식 선진화 운동'을 펼쳤다.

자신감-인생을 성공으로 이끄는 열쇠

이 과업은 선진 복지국가 건설은 물론 남북통일의 지상과제를 하루 빨리 앞당기는 지름길이라는 뜻으로 프레스센터에서(이○재 전 총리를 고문) 본인이 초대 회장으로 추대되어 출범식의 거보를 내딛었다.

그 후 일 년에 한두 번 주요 도시를 돌며 중요 현안에 대해 토론하고, 우리 시민이 가야 할 방향을 모색하며 각자의 역할과 방법을 찾고자 논의했다.

아울러 매월 지역사회의 우선 과제로 떠오르는 문제에 대해 1회 이상 전문가를 초청하여 강연을 들었고, 회원들은 그 내용을 중심으로 토의를 했다.

이 행사에 참여한 회원은 적어도 사회 발전의 원동력은 무엇보다 "국민의식의 선진화임과 그 실행을 위해서 자신이 무엇을 할 것임을 구상하는 계기는 되었다"고 본다.

그러니까 이 행사에 잠시 참여했던 사람은 '의식의 선진화가 발전의 원동력'이라는 의식 형성의 계기는 되었다고 본다.

필자는 이 단체를 만 19년간 이끌어 왔는데, 동지를 규합하는 것을 비롯해서 무엇보다 운영자금 조달이 어려웠다.

그러나 나는 그 동안 국가와 사회로부터 입은 혜택에 대한 사회 환원이라는 차원에서 정부나 어느 단체의 지원을 받지 않고 자주적으로 본인을 비롯하여 이 뜻에 동조하는 회원들의 성금으로 운영했다.

이 단체의 출범은 물론 19년간 각 시도를 돌며 행사를 할 수 있었던 동력이야말로 '자신감'이었음을 강력히 밝힌다.

14) '자신감'에 대한 전문서 집필

필자는 80대 후반에 접어들어 무엇보다 꼭 이룩해 놓고 싶은 것이 '자신감'에 대한 저서였다.

그 동안 병마는 물론 일제 때 초등학교의 2중 언어생활, 해방 후 남북 정부 수립의 갈등과 정치적 혼란, 동족상잔의 6·25 참극을 거쳐 4·19와 5·16, 새마을운동, 5·18의 시련 기, 88올림픽 반대 학원 소요 등 수많은 시련을 겪었다.

필자는 이러한 험난한 난국을 넘고 넘으면서 살아남아 뒤지지 않는 사람이 되기 위해 온갖 격난을 극복했으며, 보다 좋은 학교에 진학하여 보람 있는 직업을 가짐으로써 사회 발전에 기여하는 사람이 되기 위해서 최선을 다해 왔다.

필자는 그 동안 예상치 못한 다양한 장애의 벽을 극복함은 물론 전진을 위한 수많은 도전을 했다.

이런 여러 힘겨운 고비고비의 난관을 극복하고, 향상을 위한 도전은 물론 목표를 달성할 때까지 추진의 원동력은

‘자신감’이었다.

그러나 현행 학교교육 과정에서 이러한 인류 발전의 원동력인 ‘자신감 높이기’에 대한 전문적인 교육이 결여돼 있음은 심히 안타까운 일이다.

앞에서 밝힌 바 있는 나의 중학교 때 ‘물구나무서기’ 운동에서 터득한 ‘자신감’은 내 인생 역정 중에 원동력의 시발점이었을 뿐 아니라, 그것은 일생 동안 수많은 도전을 성취하게 하였으며, 그것들의 반복 누적은 지금의 나를 성장시켰다고 본다.

그리하여 나는 ‘자신감 높이기’를 교육의 기본 과제로 삼아야 한다고 주장하는 바이다.

아울러 각 개인도 이를 학습의 기본 과제로 삼고 학습할 수 있게 하기 위해 이 집필을 시작했다.

나는 이 ‘자신감’에 대한 집필이 나의 평생 교육 활동 중 가장 의미 있고 보람 있는 일임을 밝히면서 한껏 자부하는 것이다.

자신감

-인생을 성공으로 이끄는 열쇠-